당신의 생각이 잠든 사이에
— 마음의 발견

당신의 생각이 잠든 사이에

마음의 발견

박세은 에세이

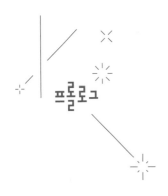

프롤로그

　지금 책장을 펼친 당신이 어딘가 불안하고 무기력함을 경험해 본 사람이라면, 믿기지 않는 꿈을 꾸고 일어난 듯 세상이 조금은 멍한 채로 돌아가는 걸 목도해 본 사람이라면 좋겠다. 섬세함을 넘어 예리함과 기민함으로 삶의 모든 불편함과 싸워 본 사람이라면 좋겠다. 그렇다면 우린 앞으로 함께 나눌 이야기가 더욱 많을지 모른다.

　잘 살고 싶으나 그러지 못함을 숨기는 마음, 외로움과 싸우느라 애쓰는 마음, 자신을 감추기 위한 방어기제로 포장한 마음, 타인은커녕 내 안을 알 수 없어 답답한 마음, 이해받고 싶은 마음과 받아들여지고 싶은 마음, 부조리함을 못마땅해하는 마음과 자책하는 마음, 온전히 사랑할 수 없어 괴로운 마음 등 '정상성'에 가려진 우리들의 일그러진 마음에 관한 이야기를 나눠보려고 한다.

우리는 '나'라는 사람이 하는 '생각'을 통해 '자신'을 알아간다. 그러나 떠오르는 모든 감정과 생각이 전부 내가 아니다. 생각은, 어떨 때는 무례하게 노크 없이 불쑥 들어와 마음속을 헤집고 나간다. 제멋대로 환상을 품기도 하고 부조리한 알몸으로 나타나 경악하게 한다. 무수한 걱정과 불안, 후회와 불면의 나날들에 지치던 어느 날, 생각이 잠든 사이에 우리는 비로소 볼 수 있다. 그동안 나를 잡아먹지 못해 안달 난건 바로 나였음을. 타인은 지옥이라고 외치는 세상 속에서 정작 우리는 작은 지옥을 품은 채로 살아간다.

옥스퍼드 영한사전에서 감정 'emotion'은 '밖'을 뜻하는 라틴어 'e(ex)'와 '움직이다'라는 뜻의 동사 'movere'가 합쳐서 생겨난 말로 안에 있는 강렬한 감정이 밖으로 움직이는 상태이다. 주로 논리적이고 이성적인 '생각'에 비해 '감정'은 생존과 관련되어 좀 더 본능적이고 즉각적이다. 그래서 생각은 감정에 늘 압도된다. 어떤 날, 감정은 생각 뒤에 숨어 자아를 계모처럼 부려 먹기도 한다. 때론 인간 밑바닥을 확인하기 위한 인내심 테스트를 하는 날도 있다. 조그만 불씨라도 있으면 곧 점화할 것 같은 감정은 잘만 다루면 삶의 전쟁터에서 나를 지킬 수 있는 무기고가 될 수 있다. 그런 감정을 있는 그대로 안아주고 사랑하는 방법은 무엇일까?

짜증이나 분노, 불안과 공포, 혐오나 거부감 등 부정적인 감정들은 대개 여러 방식으로 발현된다. 그러나 그 감정들의 공통점은 하나같이 '두려움'을 내포하고 있다는 사실이다. 부정적인 감정에 압도된 사람 중에 유독 겁이 많고 열심히 살고자 노력했던 사람들이 많다. 이 자연스러운 감정의 발현이 하루 이틀 지속되어 삶을 송두리째 압도하고 때론 애꿎은 타인을 괴롭히기도 한다. 앞으로 책에서 만나게 될 다양한 인간군상 중에서 혹 아는 이의 얼굴이 떠올라 당황하게 될지도 모른다. 또는 예상치도 못한 구간에서 걸어 나온 나를 마주하고, 책장을 덮을지도 모른다. 하지만 중요한 건 그들 모두를 프레임에 가두고 타박하자는 건 아니다.

"당신 없이는 이 세상도 존재할 수 없다."
"당신 없이는 불안도 존재할 수 없다."
"두려움은 당신이 살아 있다는 반증이다."

두려움을 인정하고 함께 나아가는 것, 인간은 완벽할 수 없기에 성장하기 위한 노력을 멈추지 않는 존재라고 한다. 어딘가 모나고 일그러진 채 우리는 여전히 사랑을 할 수 있다. 두려움을 안아주려는 마음은 따스한 관심 속에서 자라날 수 있다. 나의 나약함과 불안을 있는 그대로 수용하는 것은 변화의 씨앗을 파종하는 행위가 된다. 이 책은 가까운 사람들과 나를 포함한 당신 모두를 응원하기 위해 쓰여졌다. 이름을 알면 친구가 될 수 있다는 말처럼 아주 작은 것에서부터 관계는 시작된다. 나와 꽤 괜찮은 관계 맺기를 시작해 보자.

목차 ——

chapter 1

마음의
다양한
얼굴

여러 개의 얼굴로 사는 마음_
멀티 페르소나

우리말에 '열 길 물속은 알아도 한 길 사람 속은 모른다'라는 속담이 있다. 사람들에겐 저마다의 직업이나 신분 혹은 상황에 따라 기대되는 다양한 처신이 있다. 사람들은 사회적 관계 속에서 요구되는 정체성을 유연하게 바꾸며 타인과 상호작용을 한다. 우리는 이를 '다중적 자아' 혹은 '멀티 페르소나'라고 한다.

그리스에 연극배우들이 쓰던 가면 페르소나가 있었다면 한국에는 '인두겁'이 있다. 인간의 껍데기를 쓰고 부조리한 행실을 행하던 사람들을 꾸짖던 말로 '인두겁을 뒤집어썼다'라고 표현하곤 한다. 인두겁은 때론 타인에게 잘 보이길 바라며 뒤집어썼던 또 다른 인격의 탈은 아니었을까?

인격은 다면체적 특성이 있다. 보이는 면이 전부가 아니다. 다중적 자아는 꽤 유동적이다. 모바일 네트워크를 중심으로 발전하는 신인류가 나타나면서 멀티 페르소나는 대중적인 현상으로 확산하였다. SNS는 하나의 개인이 갖고 있던 여러 정체성을 드러내기에 탁월한 공간이다. 어떤 계정에선 프로의 모습으로 비치길 바라지만, 다른 계정에선 개인적인 모습을 보여주며 다양한 '나'를 구획해 간다.

이러한 현상은 부캐 문화로 확산했다. 레이디 가가는 유명한 가수이자 사업가이며 예술가이다. 그녀의 작품과 퍼포먼스에는 다양한 멀티 페르소나가 나타난다. 그녀는 모든 공연에서 다양한 이미지와 여러 가지 캐릭터로 자기만의 독특한 정체성을 표현한다.

또한 일반인들 사이에서 '프로 N잡러'로 세 개 혹은 다섯 개 이상의 직업을 갖고 살아가는 사람들도 자주 발견할 수 있다.

SNS 속에서는 자기표현의 자유가 넘쳐난다. 그 어느 때보다도 '슈퍼 개인'의 출현이 부각되는 시대이다. 이러한 개개인의 성장과 발전에 도움을 준 멀티 페르소나에도 그늘은 존재한다.

한 사람 안에 존재하는 자아가 다중적이면 정체성 간의 내적 갈등으로 혼란이 올 수 있다. 서로 통합되지 못한 자아상은 상대방에게 진정성을 신뢰할 수 있는지 오해의 소지를 가져올 수 있다. 또한 각 자아에 맞는 사회적 기대에 부응하다 보면 과부하가 올 수 있다. 자칫 타인이 기대하는 나와 실제 내가 아는 나와의 괴리가 클수록 불안해지는 '가면 증후군'에 걸리기도 한다.

멀티 페르소나를 입고 살아가는 이들은 대부분 다재다능하고 열정적인 사람들이 많다. 칭찬과 인정 속에서 성공하고 싶은 동기가 뛰어난 사람들이다. 자고 일어나면 스마트폰 속에 새로운 페르소나를 입은 사람들이 나타나 성공을 말한다. 평범한 일상을 지속하던 이들에게조차 이제는 은근한 압박감으로 작용한다.

"당신도 새로운 가면이 필요하다. 언제까지 하나의 이미지만을 고수하며 살아갈 것인가. 당신 또한 주목받고 싶지 않았던가. 인정받고 싶다면 가면을 써라."

작가 슈테판 클라인은 《우리가 운명이라고 불렀던 것들》에서 운명은 우연으로 이루어져 있다고 말한다. 역사 속에서 스티브 잡스나 라이트 형제가 없었다면 지금 우리의 생활 풍경에서 컴퓨터나 비행기가 사라졌을까? 그의 이론에 따르면 모든 발명품은 우연히 나타난다. 뛰어난 발명으로 문명을 이끈 게 아니라 모두 우연히 발견한 사람에 지나지 않는다.

실제로 전화기를 발명한 것으로 알려진 알렉산더 그레이엄 벨은 특허를 낸 사람으로 유명하다. 사실 그 이전에도 전화기를 발명한 사람들은 많았다. 한 사람으로 태어나 갖게 되는 인격이나 태도 혹은 진화의 과정에도 모두 우연이란 요소가 포함된다. 우연은 로또처럼 희망이 되기도 하고 911 세계무역센터나 전쟁처럼 화마를 남기기도 한다.

우연은 이성적으로 예측이 불가하다. 계획할 수 없는 불가항력의 성격을 지녔다. 불확실함은 사람들에게 스트레스를 유발한다. 그러나 우연에서 주어지는 적당한 불안감은 살면서 긴장감을 준다.

우연이 주는 불안감보단 기회나 행운에 좀 더 기대어 살아보면 어떨까?

급변하는 사회 속에선 무질서가 탄생하고 확산되어 간다. 자연 속의 모습도 마찬가지다. 자연은 목적 없이 태어나고 사라지기를 반복한다.

인류의 문명은 다양성을 확보하며 진보해 간다. 물리학에서는 하위 단계에서 발생하는 인과 관계 없이 고차원적 현상이 발생하는 현상을 '창발성'이라고 한다. 집을 지을 수 없는 개미들이 모여 커다란 개미집을 지어내는 것처럼 구성요소의 특성만으로 설명되지 않는 전체 시스템을 말한다.

요즘은 사회 전반에서 '전체는 부분의 합보다 크다'라는 집단지성으로 사용된다. 이러한 창발성의 원리에 따르면 누군가 꼭 '영웅'이 되어야만 문명이 도약하는 것은 아니다. 한 사람이 훌륭한 업적을 쌓아 인류를 구원해내려는 노력에도 실은 적절한 우연과 타이밍이 필요하다.

아나톨 프랑스에 의하면 '우연'은 신이 자기 이름으로 서명하기 싫을 때 사용하는 신의 가명이라고 한다. 우연은 운명처럼 우리의 인생에 찾아든다. 그 힘은 매우 강력해서 우리의 삶을 다른 출발지로 인도할지도 모른다.

그 흔한 성공과 실패도 모두 개개인의 탓으로 치부하기보단 지금부터 당장 어떻게 살아가야 할 것인지 현재에 초점을 맞추자. 당신이 지닌 모든 자아를 사랑하며 그것들이 인생에 내어주는 가치를 온전히 받아들이자. 여러 자아를 다독여 함께 나아가는 여정 그 끝에서 만나게 될 자신에게 어떤 이야기를 들려주고 싶은지, 우리는 선택할 수 있다.

지금 당신은 당신이 지닌 특별함 때문에 한편으로 기쁘지만, 또 한편으론 괴롭고 외로울지도 모른다. 어차피 운명이 우연으로 이루어져 있다면 불안감은 내려놓고 내 앞에 주어진 삶을 운명적으로 사랑하며 살아가기를. 나의 나약함도 때론 자랑이고 축복이 될 수 있음을 기억하자. 당신에게 주어진 지금, 그대로도 충분히 아름답다.

이불 킥 전문가의 마음 _
수다 중독증

이 세상에는 반사회적 사이코패스 말고도 잔잔바리 악인들이 존재한다. 그들은 주로 쓸데없는 말을 늘어놓는 선량한 사람들이다. 탁월하게 발달한 언어 재능에 비해 인간관계 능력은 별로라 골머리를 앓곤 한다.

그들은 좀처럼 입을 다물 수 없는 충동 때문에 만남 뒤에 '오늘 말이 좀 많았나?' 하는 후회를 남긴다. 대화라는 건 주고받는 공놀이와 같다. 주변인들 역시 말 많은 사람들일 가능성이 높다. 다른 사람의 말이 길어지면 '공감 버튼을 누르는 척' 불쑥 끼어들기도 하고, 말수가 없는 사람에겐 암묵적인 수다를 강요하기도 한다. 이들이 주둔하는 카페 안은 소음공해로 가득 찬다.

말이라는 건 의식과 무의식을 병합해 만들어낸다. 가끔 함께 있는 자리에서 혼잣말하는 사람들도 존재한다. 소통한다기보단 서로 자기 할 말만 적절한 타이밍에 내뱉고 헤어짐을 반복한다.

이러한 행동에도 원인은 있다. 아는 걸 자랑하고 싶은 자만심이다. 그들은 대체로 모르는 분야를 논할 땐 꿀 먹은 벙어리처럼 있다가 갑자기 아는 화두로 전환되면 화색을 띤다. 안다는 것을 자랑하는 순간 자신이 가치 있는 사람으로 여겨지기 때문이다. 타인과 다르다는 우월감은 은근한 황홀감으로 작용한다.

또 다른 원인은 불안감이다. 잠시라도 적막한 상태나 지루함을 견디지 못해 말을 한다. 이들에겐 쉬는 날조차도 익사이팅한 일정으로 가득 채워져 있다. 그들은 지루함과 느슨함 속에서 마주하는 내적 공허함으로부터 오는 불안감을 진정시키려 자신을 소모한다.

마지막 원인은 그들이 생각이 많은 사람이기 때문이다. 몸은 현실을 살지만, 마음은 자기만의 환상 속에 살고 있어 생각이 끊임없이 계속되는 이들이다. 그들에겐 소통보단 말하고자 하는 욕망 자체가 중요하다. 수다에 중독된 사람들과 함께 있으면 소리 없는 폭격에 주위 사람들이 피곤해진다.

수다 중독자들은 SNS에 중독될 확률이 높다. 일과를 시간 단위 혹은 분 단위로 '발행' 버튼을 누를지도 모른다. 자신이 쓴 글의 '좋아요' 수를 확인하기 위해 십 분에 한 번씩 혹은 자다가도 궁금해서 일어나 확인할지도 모른다.

이 '좋아요' 버튼은 도파민을 자극해 수다 중독자들을 인정욕구 기계로 만드는 위험한 발명품이다. 현대 사회인에게 SNS는 과거 담배나 아편 혹은 술이 제공하던 중독성을 지닌 대체품이 되었다. 불편한 게시물들을 찾아다니며 은근한 악플을 다는 행위 또한 선량한 참견쟁이들이 보이는 폭력 현상이다. SNS 세상은 점차 '불편 댓글러'들이 막힌 코를 푸는 곳이 되어가고 있다.

이들은 세상을 향해 목소리를 내는 것 자체로 존재의 가치를 증명한다. 늘 관심에 목마르기 때문이다. 어린 시절, 관심과 칭찬을 받고 자라지 못했거나 혹은 그 반대의 이유로 칭찬에 집착하게 된다. 자신이 타인에게 필요한 사람이라는 인정이 참된 보람과 가치를 증진한다고 믿는다. 타인의 평가에 일희일비 의존하다보니 좀처럼 자신에 대해 만족할 수 없을 것이다.

그들이 가장 두려워하는 것은 소외됨과 잊힘이다. 마케팅

전문가 단 허먼은 이것을 '포모 증후군'이라 부른다. Fear Of Missing Out, 즉 소외되는 것에 대한 두려움이란 용어의 줄임말로 우리말로는 '소외 불안 증후군' 또는 '고립 공포증'으로 해석한다. 옥스퍼드사전에는 '멋지고 흥미로운 일이 지금 어딘가에서 일어나고 있을 것이라는 불안감으로, 주로 소셜 미디어의 게시물에 의하여 유발됨'으로 설명된다. 자기만 뒤처지고, 놓치고, 제외되는 것 같은 불안감을 느끼는 증상이다. 이러한 불안감은 사람들의 SNS 중독 행위를 더욱 강화한다.

중독성이란 의존성이 극단인 상태를 말한다. 지금, 이 시간에도 수많은 개발자가 모여 알고리즘과 빅데이터를 이용해 당신을 중독시키기 위해 분투해서 노력하고 있다. 그러한 사실을 알고 보면 손안의 스마트폰이 그저 편리한 기계에 지나지 않을 수도 있다.

칸트는 '비사교적 사교성'이란 개념을 설명했다. 그는 인간을 사회적으로 어울리고 싶어 하는 사회성과 개별적 자아로 존재하고자 하는 개별성을 동시에 지닌 존재로 보았다. 그 둘의 균형을 잘 유지하는 것이 관건이다. 의존하지 않으며 동시에 고립되지 않기란 쉽지 않은 일이다. 인간은 누구나 인기 많은 사람을 부러워한다. 자기 안의 세상 속에서 필요 이상으로 남의 눈치를 보고, 의도를 의심하며, 사소한 일에 상처받으며 살아간다.

시끄러운 말의 소음으로부터 해방되고 싶다면 인기 있는 사람보단 자유로운 사람이 되는 편이 좋다. 자유로운 사람은 욕망을 내려놓을 줄 아는 사람이다. 대화 중 의식적으로 말하지 않으려는 노력은 침묵을 허용할 수 있는 인내심을 나타낸다.

'내가 하려는 말이 정말 중요할까?' '안 해도 상관없는 말을 하는 건 아닐까?' 대화 중 불쑥 끓어오르는 말을 내뱉기 전에 먼저 생각해 보자. '클로버노트' 앱을 사용하면 대화 녹음을 문서로 전환할 수 있다. 다시 한번 대화를 복기하며 실수를 줄일 수 있을 것이다. 또는 SNS를 삭제하거나 감시할 수 없다면 화면을 흑백으로 전환하여 중독성을 줄일 수도 있다.

되도록 '좋아요' 버튼을 가리고 발행하는 게 인정욕구를 옭아매지 않는 방법이 될 수 있다.

말이 넘쳐나는 사회에서 침묵을 허용하는 일은 소리 없는 무기가 되기도 한다. 사춘기 자녀를 키워본 사람이면 알 수 있다. 타인을 위해 도움이 되라고 '말하는 것'보단 때론 인내심을 갖고 '말하지 않는 것'이 관계에 도움이 될 때가 있다. 상대방과 적정 거리를 유지하자. 타인의 삶에 깊이 침투해 침해하는 걸 좋아할 사람은 아무도 없다. 적절한 거리감은 은근한 경외심을 불러일으키기도 한다.

사람은 백 마디의 말보다 무심한 행동 속에서 감동한다. 타인에게 기여하는 행위는 말보다 강하다. 침묵 역시 강하다. 말하려는 것을 말하지 않고 기다리는 행위 속에 의도를 숨길 수 있다. 자신에 대한 일들을 낱낱이 밝히지 않음으로써 밖에 있던 관계의 통제권을 내 안으로 옮길 수 있다. 때론 아쉬울 게 없는 사람이 강한 사람이 되기도 한다.

인간은 누구나 깨진 돌이다. '나는 특별하다'라는 우월감을 버리고 부족함과 취약함을 함께 인정할 줄 아는 사람이 진정한 강자이다. 하늘 아래 착하기만 하고 완벽하기만 한 사람은 없다.

인간은 실패를 더듬으며 방향을 찾아 나가는 존재다. 깨진 돌을 갖고 무기로 사용할지, 도구로 사용할지는 당신의 작은 선택에 달렸다. 무수히 쏟아지는 정보의 세상 속에서 조금 어지럽다면, 내게 '잊힐 권리'가 있음을 기억하자. 잊힘으로써 얻을 수 있는 자유로움도 존재한다.

✦

의심투성이 마음 _
걱정이 걱정

파란색과 초록색 고무찰흙을 함께 주물러 공을 만들면 어
느새 말랑말랑한 지구가 완성된다. 멀리서 흰 구름만이 조용
히 흐르는 그곳에는 각자 개인이 만든 작은 지옥들이 존재
한다. 천국과 지옥이 혼재한 작은 세상에 유별난 사람들은
왜 이리도 많은지. '타인은 지옥이다'란 타이틀이 대유행 중
이다.

지혜 엄마는 피해망상에 시달리고 있다. 그녀는 '세상 사
람들은 대체로 나쁜 의도를 숨기고 공격하려 한다'라고 생각
한다. 자신의 소중한 딸 지혜를 악의 근원으로부터 지켜내야
한다는 망상은 종종 모성애로 대체되기도 한다. 그녀에게 학

교는 학생들을 옭아매는 감옥이며, 친구들은 자신의 딸을 악행으로 물들여 망치려는 존재로 착각한다. 어떻게든 필사적으로 딸을 지켜내야 한다는 생각뿐이다. 어린 시절, 여러 번 거부당한 경험이 쌓여 잘못된 확증 편향으로 이어진 것이다.

그녀는 딸에게 완벽을 가스라이팅 하기도 한다. 학교에서 집에 돌아온 아이에게 세균을 대하듯 과잉 청결을 요구하며, 심지어 체육 시간에도 상류층 아이처럼 보이는 고급 체육복만을 입힌다. 아이는 인형 놀이 속 주인공이 되어 간다. 그런 지혜 엄마에게 아이를 키우는 일은 걱정이 끊이지 않는 고행길이다.

박철환 씨는 직업군인이다. 어렵게 생활하는 부모님에게 학비 부담을 주기 싫어서 일찍 군 생활을 시작했다. 잦은 이사로 적응과 이별을 밥 먹듯 반복하며 그는 자신이 무엇을 좋아하는 사람인지, 어떤 행동으로 삶의 긴장감을 푸는지 전혀 알 길이 없었다.

그는 자신에 대해 둔감할 뿐만 아니라 타인에게도 마찬가지였다. 남의 기분에 이렇다 할 관심이 없었으며 가뜩이나 피곤한 인생에 타인의 삶까지 끼워 넣고 싶지 않았다.

어린 시절부터 그는 인기가 꽤 많았으나 교우관계가 좁았다. 자기관리는 잘하지만 주로 자기만을 위해 생각하고 행동하는 사람이기 때문이다.

그는 군인이라는 딱딱한 조직사회가 답답했지만 견딜 만했다. 휴머니즘으로 가득한 사기업에 비하면 군인이라는 직업은 자신의 성향을 숨기기에 적절했다.

자신의 위치에서 맡은 바 성과를 꾸준히 내던 그는 쉬는 날이면 격투기나 암벽등반 같은 위험한 취미를 즐겼다. 정체 모를 분노가 쌓여왔기 때문이다.

사실 그도 기억하지 못하는 무의식 저편에 어린 시절 정서적 학대를 받은 흔적이 남아있었다. 그는 강자만이 살아남을 수 있다고 생각하는 권위적인 집안에서 자라왔다. 무언가에 뛰어나고, 잘했을 때 더욱 빛을 받았던 경험이 그를 욕망이란 전차에 매달려 달리도록 했다.

그는 목표 달성을 위해서라면 자신도 완벽히 속여버릴 수 있는 능력의 소유자였다. 그런 그에게 성취에서 실패할지도 모른다는 걱정이 나날이 산처럼 쌓여 갔다.

박혜민 씨는 웹툰 작가였다. 그녀는 수없이 많은 취업 전선에서 실패하고 나서야 자신의 전공이 밥벌이와 하등의 관계가 없음을 깨달았다.

우연히 생활비를 벌기 위해 잘 쓴 웹툰을 따라 그리기 시작했을 뿐인데, 돈이 되었다. 어린 시절 문학소녀였던 그녀는 소설가를 꿈꿨지만, 대리만족하는 이 직업이 은근히 자랑스럽고 기쁨이었다.

그런 그녀에겐 걱정이 너무 많았다. 매달 오르락내리락하는 웹툰 순위와 수입에 따라 인생의 희비가 결정되는 것 같았다. 아니다 싶으면 빨리 손절하고 새로운 직업을 가져야 한다는 불안감도 함께 커져만 갔다. 꿈도 중요하지만, 그녀에게는 안전한 선택이 가장 우선순위였다.

어린 시절 아버지의 부재로 인해 매일 싸워야만 했던, 경제적 어려움이 얼마나 큰 불행인지 그녀는 피부로 배울 수 있었다.

삶이 복잡해질수록 걱정이 불어났다. 직업과 가족, 관계와 돈 혹은 건강과 집에 대한 걱정에 뜬눈으로 밤을 새우기도 했다. 이제 그녀에겐 걱정 그 자체가 걱정이었다. 걱정으로 인한 긴장감에 잠식되어 불어나는 걱정을 스스로 다스릴 수 없었다.

내년 혹은 십 년 후 일어날 일들에 대해 너무 이른 걱정을 하거나 지나간 실수들에 사로잡혀 후회를 반복했다. 걱정이 많아질수록 집중력이 흐트러지고 에너지가 낭비되어 자주 소진되었다. 이 괴롭고 답답한 감정은 낮은 자존감에 주유 버튼 등을 켜고 고갈의 신호음을 냈다.

인간의 뇌는 모호하고 불확실한 것들을 경계한다. 불안은
위기로부터 자신을 보호하고 안전하게 살아남기 위한 본능
이다.

그녀는 어디서부터 잘못된 것인지 스스로 해답을 찾기 위
해 도서관에 갔다. 우연히 고른 책에서 버트런드 러셀을 알
게 되었다. 그에 의하면, 이 세상의 바보들은 자기 확신이 지
나친 데 비해 똑똑한 사람들은 의심이 너무 많다. 우리는 내
면에 스스로 심각한 의심을 품는 괴물을 키우고 있으며, 이
의심은 무의식이란 내면에 있다. 생존에 위협적이거나 사회
적으로 용납되지 않는 감정들이 각성하지 않은 상태로 무의
식 속에 존재한다. 무의식은 왜곡되기도 하고, 잘못된 관점
에 편향되기도 하며, 때론 '잘 알고 있다'라고 착각하기도 하
고, 고정관념에 빠지기도 한다는 것이다.

이와 같은 의심 괴물을 잠재울 방법은 없을까?

그녀는 어느 순간부터 선택을 두려워했다. 선택지가 많을
수록 부담스럽고 고민만 늘어갔다. 불안정한 사회 속에서 스
스로 안전한 선택을 해야 했기 때문이다. 그녀는 선택지를
줄이기로 결심했다. 일단 걱정거리들을 먼저 종이에 전부 옮

겨 적었다. 한눈에 보아도 꽤 많은 걱정이 있었다. 결이 비슷한 걱정들을 묶어 카테고리를 붙여 분류하고 우선순위를 매겼다. 당장 해결하지 못하는 고통스러운 걱정부터 시작해 조금 불편한 것들까지 다양했다. 우선 해결하기 쉬운 고민부터 해결해 없애가기로 마음먹었다. 그동안 걱정을 하느라 너무 많은 에너지를 소모해 왔기 때문이다. 이제는 걱정보단 두 발을 움직여 행동하기로 했다.

우리가 하는 일은 생각보다 많은 '우연'이 좌우한다. '무균실'과 같은 우리의 생각과 달리 세상에서 스스로 100% 통제할 수 있는 상황은 많지 않다. 어떠한 상황이나 상대 혹은 시기와 겹쳐 운명과도 마주한다. 이러한 운의 영역은 통제할 수 없다.

'세상은 공정하며 노력한 만큼 보상받는다'는 믿음은 종종 뭐든 예측 가능하리라는 환상을 심어주기도 하지만 아닐 경우가 더 많다. 몸을 움직여 밀고 나아가보자.

"고민하느라 고민할 시간에 그냥 해라!"

그녀는 포스트잇에 새롭게 적은 결심을 노려보았다.

그녀는 걱정이 떠오를 때면 걱정 일기를 작성한다. 작은 걱정이 만성화되기 전에 스스로 해결해 보겠다는 결의를 다진다. '나는 주로 언제 걱정할까?' '나는 어떤 상황에 얼마나 길게, 자주 걱정하는가?' 등의 걱정 생활 습관을 작성했다. 걱정이라는 모호한 감정의 데이터가 쌓이자, 등고선처럼 감정의 고도가 한눈에 보이는 듯했다.

특히 걱정이 떼로 몰려오는 밤이면 긴장감을 이완하기 위해 노력을 했다. 샤워하거나 낮 동안 충분한 햇빛 아래에서 걸었다. 걱정이 몰려오는 순간, 새로운 공간으로 장소를 떠나 이동하는 방법도 효과적이었다. 감정은 생각보다 물리적인 공간의 변화에 민감했다. 새롭고 좋아하는 것들로 채워진 공간에서 걱정은 희미해져 갔다.

그리고 감정과 거리 두기를 시작했다. '감정'이란 예술 작품을 관람하는 관람객이나 관광객이 되어 그저 들여다볼 뿐 감정적으로 대하지 않기 위해 노력했다. 걱정이 몰려올 때마다 '엉뚱한 상상하기'도 도움이 되었다.

예를 들어 그녀는 칼질할 때면 실수로 칼이 발등에 떨어지는 상상을 하곤 했다. 그럴 때 그녀는 커다란 자석이 달린 도마를 떠올린다. 칼이 발등으로 향하던 찰나, 자석이 달린 도마로 되돌아가는 상상은 안도와 위안이 되어줬다.

꽉 막힌 터널이 답답해 불안감이 몰려오는 상황에선 길에 떨어진 전화기를 찾느라 두리번거리는 오토바이 탄 아이언

맨을 떠올렸다. 차 문을 열고 토니 스타크와 대화할 수 있을지도 모른다는 기대감이 불안을 내쫓았다.

그동안 터널이 두려웠던 그녀는 이제 꽉 막힌 터널을 빠져나와 창문을 열었다. 액셀러레이터를 밟자, 숲의 흙냄새가 진동했다.

타인이 지옥일 수 있지만, 때론 자신도 지옥이 될 수 있다. 이 세상엔 타인에게 지옥을 선물하는 이들도 많지만, 자신을 못 잡아먹어 안달인 사람들도 있다. 그녀는 스스로 지키기 위해 자신과도 거리 두기가 필요했음을 깨닫고 조용히 고개를 끄덕였다. 자동차 라디오에서 신나는 팝송이 흘러나오자, 그녀의 둥그런 어깨가 두둠칫 리듬에 맞춰 들썩이기 시작했다.

✦

특별 대우를 바라는 마음_
나르시시스트

"나는 타인과 달리 특별하고 대단한 존재다."
"나는 원하는 무엇이든 손에 쥘 수 있다."
"믿는 순간, 거짓도 진실이 된다."

영화 〈안나〉는 사소한 거짓말을 시작으로 이름, 가족, 학력, 과거까지 완전히 다른 사람의 인생을 살게 된 여자의 이야기이다. 그녀는 포커페이스로 감정을 숨긴 채 목적 달성을 위해 타인을 수단으로 삼는다. 영화가 막을 내리자, 자기애적 성격장애(나르시시스트)가 떠올랐다.

자기애적 성향을 보이는 나르시시스트는 자신을 중요한

인물이라 생각한다. 자기는 특별하다는 공상에 빠져있기 때문에 늘 대우받고자 한다. 이들은 대체로 자아를 고귀하게 여겨 타인을 얕잡아보는 습성이 있다. '자신감의 정도'가 높아 오만하거나 거만해 보일 수 있다. 그래서 인간관계가 좁고, 감정이 결여되어 있다.

겉으로 봐서 나르시시스트를 알아보기란 쉽지 않다. 이들은 지능이 좋거나 잘 꾸며 매력이 넘치기 때문이다. 주로 '부풀린 자아상을 가진' 이들은 '성공'이나 '타인에 대한 권력'을 지니기 위해 지치지 않고 노력한다. 실제로 성공한 사람 중 나르시시스트들이 꽤 존재한다. 그들은 살면서 내내 칭찬과 인정에 과도하게 목이 마른 상태다.

나르시시스트를 끝없이 달리게 하는 욕망의 전차는 불안을 연료로 사용한다. 자신도 미처 모르는 열등감이란 녀석이 두려움을 만들고, 불안함이 커질수록 자기애적 성향을 부풀린다. 이러한 성향은 타고난 생물학적 성격 특징이거나 혹은 어릴 적 경험한 폭력이 무력한 자신으로부터 도망가고자 불러낸 환상일 수 있다.

자기애적 성격장애를 지닌 이들은 환상을 실현하기 위해 타인을 수단으로 삼는다. 성공을 향한 갈망이 높고 공감 능

력이 떨어져 죄책감 없이 상대를 조정할 수 있다. 또한 권모
술수에 능해 상대방의 약점을 잘 파악한다.

성장한 어른의 몸과 아이의 정서 상태를 지닌 사람을 떠올
리면 비슷하다. 그래서인지 쉽게 삐지고 상처받고 관계의 단
절을 맺는다. 그들은 어린아이와 같아서 판단이나 비판 혹은
조언을 공격으로 받아들이고 감정적으로 변하기 쉽다.

주로 만만한 가족이나 연인 혹은 부하 직원 등 약한 사람
들에게 자주 폭발하며 감정의 쓰레기통으로 삼는다. 그 순간
자신은 '힘센 사람이니 그래도 된다'는 감정이 열등감을 삭
여 준다. 자칫 남을 무시하고 깔보는 경향이 심해져서 새로
운 의견을 받아들이지 않는 '불통'의 아이콘이 되기도 한다.

그들은 이기적인 얼굴에 선량한 가면을 쓴 채 사람들 앞에
서 성공한 사람으로 보이고 싶어 한다. 이들에겐 보이는 '나'
가 전부다. 그래서인지 가까운 가족들에겐 반대로 '인정머리
없는' '냉혈한' 등의 표현을 듣곤 한다. 그들은 주로 평생을
헌신해 준 이들에게 감사할 줄 모른다. 잘못을 저질렀을 때
도 사과하는 법을 모르기 때문이다. 오직 '남보다 잘나야 한
다'는 압박감만이 본인을 짓누른다.

또한 양은 냄비처럼 화르르 끓고 식는 성격 때문에 곁에 있는 사람이 곤란에 처한다. 잘해주는 척 헌신하다가도 한순간에 냉정하게 돌변하기 때문에 관계를 끊는 일도 쉽지 않다. 이쯤 되면 알다가도 모를 사람이다.

더 놀라운 건 자신이 자기애성 성격장애라는 걸 아는 이들이 거의 없다는 사실이다. 그들은 대체로 성실하고 열심히 살아온 사람들이며 사회가 발전하는 데 이바지해 왔기 때문이다.

문제는 지뢰밭 같은 가정 내에서 발생한다. 아이가 감정의 샌드백이 되었을 때 자기애성 성격장애가 대물림될 수 있기 때문이다. 반복되는 고리를 끊어내야 한다.

사이코패스와 비교해 나르시시스트는 남에게 해를 입히지 않는다. 이들을 다른 말로 표현하면 무한 긍정 에너지를 지닌 사람들이다. 자신 앞에 처한 실패나 곤궁을 자기애로 이겨내고 달려 나가는 사람들이다. 그들 중에는 실제로 사회화가 잘 되어 정직하고 성실한 사람들도 많다. 지나치지 않은 나르시시즘은 자기효능감을 높여 성취를 쉽게 만든다.

나르시시스트들을 비난하거나 오명을 입히고 싶진 않다.

이들은 현재 누군가의 사랑하는 자녀이거나 아버지거나 연인일 수 있다. 끊어낼 수 있다면 좋겠지만, 이 세상에는 그럴 수 없는 인연들도 존재한다.

중요한 건 지금 이야기 속에서 누군가의 얼굴을 떠올렸을 당신이다. 당신이 지금 끊어낼 수 없는 연을 맺고 사는 누군가로 괴롭다면, 대화가 필요한 시점이다. 당사자와 이 글을 함께 읽은 후에도 아마 그들은 큰소리치며 부정할지도 모른다. 열등감이란 들켰을 때 분노로 치환되기 때문이다. 그렇지만 속으로 아주 당혹스러울 것이다. 화려하게 치장된 거울을 내리고 현실 속의 모습을 받아들이는 일은 충격과 실망감을 주기 때문이다.

안다는 것은 변화의 싹을 틔우는 행위이다. 알았으니, 상대방에게 당장 멈출 것을 경고하자. 어쩌면 지금 당신이 불안한 나르시시스트에게 남겨진 유일한 희망의 끈일지도 모른다.

완벽한 사람은 없다. 우리 모두 어딘가 서툴고 모나고 망가진 채 사랑하며 원망하고 웃고 떠들며 살아간다. 지금 있는 그대로 계속되어도 꽤 괜찮은 삶도 있다는 것을 그들은 아직 깨닫지 못했을 뿐이다.

당신이라는 소중한 인연을 붙잡기 위해 그들은 서서히 변화의 준비를 시작할 수도 있다. 날카로움을 이기는 강력한 힘, 그것은 아마 사랑이 아닐까?

슈퍼히어로적 마음 _
분노는 나의 힘

김강산 씨는 선한 사람이다. 남에게 피해 주지 말아야 한다는 아버지의 말씀을 행동으로 실천하며 살아왔다. 그는 일머리가 있는 유능한 제조업계의 인재였다.

대체로 그는 누구보다 효율적인 일 처리를 중요시해서 사람들에게 깊은 인상을 남겼지만, 사적인 인간관계로 깊이 발전하는 일은 거의 없었다. 웃을 때 초승달처럼 구부러지는 눈매로 선한 미소가 돋보이지만, 그 때문인지 그에게 당연하듯 부탁을 요청해 오는 이들이 많아졌다.

그는 요즘 화가 많아져서 걱정이다. 간혹 전자기계나 프로그램을 잘 다루지 못하는 직장 상사를 만나면 홀로 모든 업

무를 떠맡아야 했다. 다 차린 밥상에 밥숟가락을 얹듯 공적을 채가는 사람들 틈바구니에서 점차 가슴을 조여오는 통증을 느꼈다.

간만에 가족들과 함께 외식을 나간 식당에서 머리카락이 나오거나 퇴근길 버스에서 마스크를 하지 않고 기침을 토해내는 사람을 발견했을 땐 심장박동이 뛰면서 분노가 차올랐다. 연예인이나 정치인 혹은 범죄자가 비윤리적으로 불미스러운 사건을 저지른 기사를 보았을 땐 그냥 지나칠 수 없어 댓글을 달았다.

어느새 그는 이웃들이 모인 아파트 커뮤니티에서도 이중주차나 층간소음, 쓰레기 투기 문제 등 가장 먼저 글을 올리는 '프로 불편러'가 되어가고 있었다.

김강산 씨는 지키고 싶은 게 많은 사람이었다. 혼자 힘으로 일궈 온 성공과 재산 그중에서 가장 중요한 건 가정이었다. 그는 하루 중 아이들과 함께 산책하는 저녁 시간을 가장 사랑했다. 그는 누구보다 정직하게 노력해서 가정을 일구며 사는 삶을 최고의 가치로 여겼다.

커다랗고 붉은 해가 뉘엿뉘엿 넘어가던 어느 오후였다. 자신에게 문제가 있음을 직감하게 되는 사건이 발생했다. 어린 자녀들과 손잡고 길을 건너던 순간, 커다란 외제 차가 불쑥 횡단보도로 진입했다. 다행히 차주는 뒤늦게 아이들을 발견하고 우뚝 멈춰 섰지만, 김강산 씨의 분노는 멈추지 않았다. 그의 운전자를 향한 열정적인 분노와 증오가 폭발했다. 이후 모든 사람의 시선이 한 남자의 분노에 가득 찬 괴성 속으로 빨려 들어갔다.

언젠가부터 그는 마음에 분노 버튼이 있다고 느껴졌다. '인간으로 태어나 근면하게 노력하며 타인에게 피해 주지 않고 살아야 한다'는 자신의 가치관에 반하는 행동을 만날 때마다 증오가 발산되었다. 가치관이 부정당하면 자기 자신이 상대에게 부정당한 것 같다는 마음이 들어서였다.

자신의 소중한 가치를 지키려는 방어막은 싸움이라는 공격 태세를 취하게 했다. 증오는 점차 빈번해졌으며, 조절할 수 없었다. 가족들은 강산 씨가 진상 고객 혹은 블랙리스트에 올랐을 거라고, 웃으며 넘겼지만 정작 그 자신은 웃을 수 없었다.

분노 버튼을 누를수록 보상을 받은 듯한 심리가 뒤따랐다. 김강산 씨가 사는 세상 속에서 선과 악이 대비될수록 적에 대한 구분은 확실해졌다. 그는 영웅이 되어 심판해야겠다는 정의감이 불타올랐다.

악은 대가를 치러야 한다는 게 그의 은근한 신념이었다. 악을 처단하는 싸움에서 승리할수록 자기효능감이 올라가는 기분이 들었다. 분노에는 왠지 모를 우월감이 함께 있었다. 분노의 댓글을 다는 순간에는 혐오를 증오하는 사람들과 은 근한 연대감도 느껴졌다. 자기의 영향력으로 세상을 바꿀 수 있다는 은근한 지배감은 달콤했다. 달콤한 과실에 빠져 점차 분노에 지배당해 가는 자신을 무력하게 바라볼 수밖에 없던 찰나, 그는 상담받기 위해 병원에 내원했다. 검사 결과 그에 게는 고독 증후군 진단이 내려졌다.

"지금 당신은 꽤 고독한 상태군요. 직장을 다니거나 사람 들과 함께해도 늘 상대적으로 고독함을 느끼는 사람이 있습 니다. 반면 사계절 내내 혼자여도 고독감이 없는 사람이 있 죠. 지금 당신이 텅 빈 내면의 공허함과 두려움으로부터 도 망쳐 피난처로 택한 곳이 '분노'입니다. 타인이란 세계에 끼 어들고 말 걸고 싶은 마음이 분노라는 잘못된 도구로 표현되 고 있습니다.

사실 당신은 굉장히 올바르고 누구보다 성실히 살아오신 분입니다. 그렇지 않은 분을 볼 때 화가 나는 건 스스로 인정 받지 못하는 박탈감 때문이죠. 충분히 가치를 인정받고 받아 들여지는 경험이 부족한 지금의 상태를 그대로 보여줍니다.

열심히 노력하며 살아온 지금, 과연 나는 행복한 삶을 살고 있는지 본인에게 물어보세요. 당신에겐 지금 무엇보다 안정적으로 지지해 줄 안전한 신뢰 공동체가 필요합니다. 자신을 증명해 내도 되지 않는 관계 속에선 영향력을 드러낼 필요가 없을 테니 말이죠. 또한 마음의 부정적인 감정들은 현재 스트레스 상태가 극심한 상태임을 알리는 좋은 신호입니다. 잘 오셨습니다. 알맞은 처방을 해드리죠."

김강산 씨는 처방전을 받아 들여다보았다.

"이 세상은 동화 속처럼 완벽하지 않습니다. 크고 작은 선과 악이 함께 공존하고 있습니다. 지금 당신이 사는 커다란 세계는 각자 개개인의 작은 지옥들로 점철되어 있는지도 모릅니다. 어린 시절 봐 온 영화처럼 악은 심판되고 영웅은 행복하게 결말을 맞는 환상에서 벗어나 현실을 직시해야 합니다. 세상은 여전히 이해할 수 없는 부조리투성이입니다. 선한 사람도 때에 따라 이기적이고 비겁할 수 있습니다.

우리가 사는 세상은 더 이상 천국이 아닌 무질서의 통합체임을 인정하는 게 시작입니다. 그렇게 바라보면 타인을 향한 허용치를 낮출 수 있게 됩니다. 좀 더 여유를 갖고 바라보세요."

"개인이 가지고 있는 정의는 언제나 상대적일 수 있습니다. 사람의 사고에는 편견이라는 인지 편향이 작용해 그것이 관점으로 작용합니다. 즉 똑같은 사건도 개인적인 상황이나 환경을 고려하면 다른 서사로 보일 수 있습니다.

예를 들면 배고픔 때문에 빵 한 조각을 훔친 장발장 같은 경우죠. 그래서 사법 체계에선 늘 범죄행위의 '동기'를 중요하게 살핍니다. 내가 바라보는 부당한 사건도 정육면체처럼 다면적으로 해석될 수 있음을 받아들여야 합니다."

"마지막으로 중요한 건 타인의 잘못이 나에게 직접적인 피해를 발생하게 했는지 연관시켜 보는 것입니다. 분노는 자연스러운 감정입니다. 역사적으로 분노는 언제나 더 나은 세상으로 발전하는 관심과 영향과 동력이 되어 왔습니다. 그러나 분노는 위험합니다.

마크트웨인은 분노는 산성과 같다고 했습니다. 그래서 퍼붓는 대상보다 그것이 담긴 그릇에 피해를 줄 수 있음을 경고했습니다. 분노를 담고 있는 순간 자신과 사랑하는 가까운 가족들이 고통 속에서 녹아가고 있다는 걸 명심하세요. 분노는 되도록 조용하게, 나서야 할 관여 수준을 철저히 판단하여야 합니다.

정의로운 사람보단 선한 사람이 되려는 노력을 기울여야

합니다. 선한 사람은 자기가 어떻게 살아야 할지 늘 마음먹고 행동합니다. 성의라는 이름으로 다른 사람에게 강요하는 일은 또 다른 공격성이 될 수 있습니다. 악당을 상대하기 위해 스스로 악당이 될 필요는 없습니다. 정의롭고 싶은 마음마저 욕망입니다. 인정받고 싶고 영향력을 행사하고 싶은 마음을 내려놓으세요. 욕망은 긴장감을 주는 무거운 마음입니다."

그 후 김강산 씨는 말과 행동을 경계하며 솔직한 자기 모습을 인정하는 연습을 시작했다. 분노가 버튼을 누르는 순간에도 성실히 저항했다.

"하나…… 둘…… 셋…… 넷……."

분노를 말하기 전 숫자를 세면 마음이 누그러지는 기분이 들었다. 화가 아주 많이 날수록 긴 호흡을 내뱉으며 숫자를 많이 세면 견딜 만했다.

"아니 여기 사장 나오라고 해. 별 맛대가리도 없는 음식을 비싸게도 받아 처먹으면서 내건 왜 지단이 안 들어있는지 설명을 좀 해보라고 해. 얼른 나와! 내가, 이 동네에 산 지가 몇 년째인데 여기서 장사를 이딴 식으로 해?"

얼굴이 붉어진 채 괴성을 지르고 있던 아주머니를 바라보던 강산 씨의 눈빛이 그 옆에서 경직된 아이에게 갔다. 아주머니의 아들은 예기치 못한 싸움 환경에 노출되어 오들오들 떨고 있었다. 공포에 사로잡힌 생쥐의 눈빛이었다.

그의 눈길이 아이들에게 되돌아갔다. 따뜻한 눈빛으로 "괜찮다. 그럴 수 있어"라며 국물을 마저 떠먹였다.

그동안 그는 분노가 자기 자신뿐 아니라 가족을 향한 자살 행위였음을 떠올렸다. 아주머니가 펄펄 뛰는 동안 숨이 꼴깍 넘어가던 아이를 향해 강산 씨는 수저를 내려놓고 조용히 일어섰다. 아주머니의 어깨를 조용히 도닥이며 "무슨 일이세요?"라고 물으며, 그녀의 사정에 조용히 귀 기울이기 시작했다. 크게 한숨을 내쉰 그녀는 자기의 사정을 털어놓기 시작했다.

정의는 몰랐던 걸 알게 되면서 이뤄내기도 하지만 때론 아는 걸 모른 척하면서도 이뤄낼 수 있다. 어느 때보다 우리 사회에 다정한 무관심이 필요한 순간이다.

chapter 2
◆◆
내 안의
작은 지옥

✦✦

잡초를 숨기고 싶은 마음_
수치심

땅속에는 크고 작은 생명이 존재한다. 그 생명은 적절한 햇빛과 기후를 만나 밖으로 나온다. 그것은 꽃일 수도 있고, 잡목이거나 잡초일 수도 있다. 각자 시기와 속도에 맞춰 때가 되면 피고 무르익고 지기를 반복한다. 운 좋으면 바람을 타고 날아온 꽃씨가 토양의 비옥함 속에서 싹을 틔우기도 한다.

'나'라는 정원에서 땅을 뚫고 올라오는 감정들은 꽤 다양하다. 긴 소나기 끝에 무성하게 자란 잡초처럼 잘라내거나 치워버리고 싶은 감정들도 있다. 그중 하나가 바로 수치심이다. 수치심이 자라면 맥박이 빠르게 뛰며 뭔가 잘못되었다는 기시감을 느끼게 된다. 주로 외부 상황에서 들어와 안에서 발현되는 감정이다. 수치심은 꼭꼭 숨기고 싶다는 특징이 있다.

"부끄러움, 굴욕감, 모욕감, 창피함, 붉어진 뺨, 치욕, 위축, 두근거림, 울렁거림 등 수치심의 스펙트럼에는 다양한 증상들이 발현된다."

옷을 입고 벗을 때 혹은 쇼윈도에 비친 자신을 마주칠 때면 왠지 모르게 부끄러운 기분이 들곤 한다. 몸이나 건강 혹은 겉모습이 마음에 들지 않을 때도 있다. 수치심이란 버튼을 누르는 녀석은 다양하다.

누군가에겐 학력이거나 돈이거나 가족일 수 있다. 또 어떤 이에겐 흰옷에 흘린 얼룩이나 번진 화장, 닳아버린 가방 모서리나 손톱 밑 거스러미처럼 작고 사소한 것들도 수치심을 일으킨다.

모두 지극히 개인적인 문제들이어서 주로 혼자 감당해야 한다. 누구나 자신이 지닌 부끄러움의 무게를 비밀스럽게 지닌 채 홀로 의연히 나아가야 한다.

그렇다면 잘못을 저지른 것만 같은 이 느낌은 어디에서 오는 것일까? 동물들은 부끄러움을 느끼지 않는다. 오직 인간만이 부끄러움을 느낀다. 하지만 영원히 지속되는 부끄러움은 없다. 감정은 순간에 발현된 느낌이나 상태다.

수치심은 과거 동물로 살아오던 인류가 점차 발전해 가며 선진 시민으로 도약하기 위한 디딤돌이 되었다. '인간이 되어서 부끄럽지도 않냐?' '그런 짓을 하고도 부끄러운 줄을 모르다니' '가문의 수치' 등등 인류가 발전하기 위해 암묵적으로 지켜야 하는 행동 지침으로 쓰였다.

수치심은 생존을 위해 집단에서 배제될 수 있는 불안감을 경고한다. 그래도 극도로 높은 수치심은 위험하다. 우울함이나 불안 섭식장애처럼 일상생활마저 곤란하게 만드는 정신적 증상을 가져온다. 더욱이 홀로 남겨진 것 같은 단절감은 거부당했다는 낙인효과로 자존감을 갉아먹는다.

수치심은 때로는 습관에서 비롯된다. 과거 무시당한 경험과 결여가 쌓여 잘못된 자기 인식을 만드는 것이다. 부정적으로 왜곡된 자아상은 자신의 가치를 의심하게 한다. 사람들에게 인정받거나 사랑받지 못했던 경험이 잦은 수치심을 발현시킨다.

또한 수치심은 밖에서 대량 생산되기도 한다. 쇼윈도와 미디어 혹은 SNS 속에는 우월한 외모나 성취한 사람들의 이야기들이 넘쳐난다. '누구나 태어나 갓생을 살아야만 한다'라는 은근한 '대한민국 평균 올려치기'는 평범한 사람을 옭아매기도 한다.

완벽하게 살아야 한다는 노골적인 사회적 기대감이 어떤 이에게는 상처가 될 수 있다.

인간은 모두 다르다. 하나의 기준으로 줄 세우기 시작하면 뒤에 선 사람들은 평생 패배 의식을 견디며 살아가야 한다. 세상에는 정성스럽게 공들여 가꾼 베르사유 정원도 존재하지만 제멋대로 풀이 자란 목초지나 황무지도 존재한다.

인간 존재에 대한 가치는 다양성이라는 잣대가 필요하다. 누군가의 인생에는 어떤 일이든 일어날 수 있으며 또한 그럴 수 없음도 받아들이자. 아무런 일도 일어나지 않는 평범한 인생도 있다. 성공을 위한 실패를 거듭하던 순간 운이 조금 부족했을 수도 있다. 누구나 매 순간 성장을 원하지만, 실은 제자리걸음을 포기하지 않고 유지하는 것도 굉장한 노력이 요구된다.

사람들은 봄이 오면 부지런히 꽃을 피워내는 걸 보며 환호한다. 그러나 그들은 알지 못한다. 지난겨울 언 땅에서 당신이 얼마나 깊은 뿌리를 내리고 토양을 움켜쥐었는지. 꽃이 없는 당신은 습지의 척박함 속에서도 잘 자라는 생명력 넘치는 고사릿과 식물로 태어났을지도 모른다. 당장 꽃이 아닌 당신은 늦가을 산 하나를 물들이는 코스모스로 태어났을지도 모른다. 아무도 모른다. 꽃이 없다고 애쓰지 않은 인생은 없다.

사회적으로 받아들여지기 위해 정상인 척하는 비정상이 모여 사는 세상을 상상해 본다. 정상성은 누가 만들어내는가? 정상성이란 카테고리로 이름을 붙여 만들어낸 '프레임' 역시 또 다른 환상은 아닐까?

지금 우리가 아름답다고 여기는 몸은 비너스의 시대와 선이 다르다. 영원한 정상성은 없다. 게슈탈트 이론에 의하면 사람은 현상을 '유사성' 혹은 '의미 부여의 한 형태'인 덩어리(groupimg)로 인식한다. 똑같은 그림을 보아도 누가 보느냐에 따라 '젊은 여성'이 될 수도 있고 혹은 '노파'가 될 수도 있다.

생각의 전환이 필요하다. 완벽이라는 잣대로부터 자유로워지기 위해선 있는 그대로 '빈구석을 지닌 나'를 받아들이는 게 먼저다. 자신을 수용하는 일에도 사실 굉장한 용기가 필요하다. 다르다는 건 또 다른 의미로 적극적인 저항 행위가 된다. 자신에게 기대하는 사회적 기대치나 긴장감을 조금 내려놓고 평범해도 좋을 권리를 선물하자.

누구나 부끄러울 수 있다. 수치심은 인간 공통의 감정이며 인간을 인간답게 하는 수단이다. 그러나 수단이 존재 자체를 위협하면 안 된다. 부끄러움이란 감정에 붙여진 낙인을 제거하면 어떨까?

부끄러움을 안다는 것은 되레 잘 키워온 성숙한 내면의 증거이다. 부끄러움을 모르는 이들의 무지에서 나온 행동이 얼마나 추악하고 참혹한지 역사를 통해 되돌아볼 수 있다.

이 글은 당신이 안고 살아가는 수치심을 줄여줄 수는 없다. 그러나 그 감정을 조금 덜 미워하게 될지도 모른다. 수치심이 자라나는 순간, 한발 물러서서 알아차리고 고개를 끄덕일 수 있는 그런 자연스러움의 순간을 당신에게 보내고 싶다.

✦✦

동굴 안에서 바라보는 마음 _
은둔형 외톨이

어릴 적, 얼음땡을 두려워한 소년이 있었다. 그는 웃음을 흘리며 친구들과 술래를 피해 뛰어가고 있었다. 어느새 주위를 돌아보니 아무도 없다. 그저 앞만 보고 달리다가 그만 친구들과 반대 방향으로 달린 것이다. 한 치 앞도 보이지 않을 만큼 사위가 컴컴했다. 홀로 숲에서 맞는 밤이 두려워 가슴에 숨을 가득 채워 "얼~~음!" 하고 외쳤다.

"제발 누구라도 와서 구해줘." 소년은 작게 조아렸다. 잠시 후 나무 뒤에선 작은 발자국이 바스락 인기척을 냈다. 그때 문득 깨달았다. 그가 두려웠던 건 밤도 숲도 여우도 아닌 얼어버린 자신을 앞으로 아무도 찾아오지 않으리라는 절망감이었다.

이후 성인이 된 그에게는 '까탈스러운, 애매한, 위협적'이란 표현이 따라붙었다. 그는 때때로 불안하거나 우울했고, 이유를 알 수 없는 기분으로 하늘을 붕붕 날다가 추락했다. 어떤 날은 헌신적인 모습을, 다른 날은 충동적인 모습을 보였다. 사람들 앞에서 그는 무대 위의 배우처럼 여러 가지 모습으로 열연할 수 있었다. 때때로 그 화려한 불꽃은 매혹적이었으나 열어 놓은 창가에서 언제 꺼질지 모를 위태로운 불꽃이기도 했다.

　어릴 적 그는 늘 버림받는 게 두려웠다. 그래서인지 갈수록 인정과 애정에 목말랐다. 안정적이고 오랜 관계를 유지하는 일에 대체로 서툴렀다. 친구와도 연인과도 마찬가지였다. 버림받는 게 두려워 제멋대로 관계를 매듭지었다. 피해의식이 날을 세우고 의심이란 괴물이 관계 속에서 몸집을 부풀렸다. 그러던 어느 날, 그는 불안정한 사람 사이에서 오는 공허함에 익사할 것 같았다.

　그가 기억하는 부모님은 먹고 자고 일하는 삶에 집중했다. 그런 부모에게 쓸모없는 감정보단 주린 배를 채우는 게 우선이었다. 부모는 종종 한숨을 내쉬며 그가 지배당한 불안한 감정의 원인을 묻기보단 "세상 물정도 모르면서, 정신은 언제 차릴 거냐?"라고 닦달했다.

어린 그는 스스로 자신의 감정을 표현할 단어를 찾다가 끝내 고르지 못한 채 어른이 되었다. 복잡한 감정은 바쁜 현실에 밀려 어둡고 구석진 자리로 치워질 뿐 사라지지는 않았다.

점차 그에게 타인은 지옥이 되어 갔다. 교류와 소속감이 사라져가는 사회 속에서 관계는 피상적으로 얇아졌다. 그의 작은 마음은 더 이상 커질 수 없는 반죽을 밀고 또 밀어내느라 곳곳에 구멍이 났다. 그 구멍 속에서 현실이라는 작은 지옥이 태어났다. SNS란 거울을 통해 작은 지옥들은 천국으로 비쳤다. 그는 그런 모순적인 거울을 바라보며 점차 세상을 향한 자신의 문을 하나씩 닫아갔다.

어릴 적 그는 종종 흙바닥에 발끝을 찍고 빙~ 돌아 원을 그리곤 했다. 그는 지금 그 '원' 안에 산다. 자기 자신이 만든 원 안에서만 살아가는 이들을 '은둔형 외톨이'라고 한다. 세상을 등지고 부모와의 접촉도 피하며 자기만의 시간에 갇힌 사람들을 향해 누군가는 혀를 끌끌 찬다.

자기만의 안전한 공간에 숨어 충동과 중독에 빠져 자신을 자학하는 일이 사실은 살려달라는 마지막 구조 신호라는 걸 그는 안다. 오랜 시간이 지난 후 그는 서서히 빠져나와 건강한 삶으로 돌아갔기에 알 수 있다. 아직도 '자신이 그린 원' 속에 사는 사람들은 무수히 많은 하루를 버텨내고 있다는 것을. 그들은 살기 위해 버텨내는 것만으로도 온 힘을 다 쓰느라 지친 채 아주 오랫동안 묵묵하고 먹먹한 싸움을 하고 있다. 정체를 알 수 없는 적은 찌를 수도, 찢을 수도 없어 더 어렵다.

얼음을 외친 채 숲에서 무수한 밤을 보내던 그가 배운 사실이 있다. 홀로 보낸 시간이 모두 실패로 점철된 쓸모없는 나날만은 아니었다는 사실이다.

감정이란 '숲에 불어오는 날씨'와 비슷했다. 때가 되면 비는 그치고 해는 떠오르며 무거웠던 눈덩이들도 사르르 녹아내렸다. 때로 감정은 바다와 같았다. 계절이 바뀌며 오가는 파고와 빛깔이 달라졌다. 아무 이유 없이 풍랑을 만나 통제력을 잃고 감정이란 깊은 바다에서 익사할 것 같던 날들도 기다리다 보니 점차 잔잔해졌다. 그는 점차 간섭이나 판단 없이 감정을 자연처럼 관찰하게 되었다.

그는 이제 감정의 정체를 조금 알 것 같았다. 행복이란 감정은 대체로 움직임이었다. 행복한 날, 그는 두근거리고 펄

쩍 뛰다가 지칠 줄 모른 채 달렸다. 반면 슬픔은 멈춤이었다. 슬픔에 마비된 날, 그는 무기력하게 빠지는 진흙더미에 주저 앉았다. 꽉 막혀 움직이거나 숨을 쉴 틈조차 없었다. 그렇게 수동적인 날과 능동적인 날들이 오고 또 갔다. 그 속에서 완벽하진 않아도 자잘하게 행복할 순 있었다.

누구나 지금 자신이 겪고 있는 상황을 제대로 이해하며 살아가진 않는다. 태어난 김에 살아가는 이들도 있다. 기왕이면 열심히, 아주 부지런히. 그러나 그는 안다. 숲에선 생명이 날마다 증명하지 않은 채 그저 살아가는 것에 집중한다. 경쟁하듯 성장하지 않고도 서로 평화를 유지한다. 생명체들은 태어나는 순간 원자에서 생명체를 얻는다. 살아있다는 존재 자체만으로도 숲을 완성하고 지구를 자정하고 조화를 이루다가 또 어느새 사라진다. 죽음은 원래의 원자 상태로 돌아가는 지극히 자연스러운 일이었다. 숲을 거스르는 건 인간뿐이었다.

이제 그는 생각한다. 매 순간 성장해야만 한다는 건 어딘지 자연스럽지 않다. 제 자리를 지키고 유지하려는 노력 속에도 자신의 존엄은 존재한다. 모든 삶을 가치로 매겨 효율성의 저울에 무게 달 순 없다. 그렇게 생각하자 쪼그라들었던 자기 삶에 조금씩 윤이 돌기 시작했다. 잘 닦고 만지고 조일수록 윤을 내는 빛 한 점이 되살아났다.

　그동안 그는 외로움을 고통이라 오해했다. 되돌아보니 외
로움은 살아있다는 생존 신호였다. 버림받는 게 두려웠던 만
큼 그는 사랑받고 싶다는 갈망이 누구보다 큰 사람이었다.
상실에 대한 두려움이 컸던 건 그만큼 사랑했다는 증거이다.
　사랑과 상실은 빛과 그림자의 관계와 같다. 그렇게 생각하
자 자신도 모르게 지닌 감정들을 서로 차별하고 있었다는 걸
알게 되었다. 감정을 편식할 순 없다. 감정은 숲에서 피할 수
없는 비와 같다. 그저 경험하고 흘러가게 하면 그뿐이다.

　이제 그는 선택할 수 있다. 감정을 화약처럼 터트리기만
할 것인가, 혹은 잘 관리된 무기고로 쓸 것인가? 폭주 기관차
를 달리게 하는 석탄으로 쓸 것인가, 혹은 잘 제련된 다이아
몬드로 쓸 것인가? 다이너마이트로 쓸 것인가, 밤하늘을 수
놓는 불꽃놀이로 사람들에게 감동을 줄 것인가?
　그는 이제껏 살면서 늘 장벽이나 시련으로 치부되던 감정
들을 잘만 쓰면 기회나 모험이 될 수도 있겠다고, 꿈꾸기 시
작했다. 그러자 흙바닥에 발끝으로 그린 동그라미 밖에 더
큰 원이 만들어졌다. 마침내 수면 위로 떨어진 물방울이 동
심원을 그린 파장처럼 그의 안전지대는 점차 넓어졌다.

그는 이제 막 허물을 벗고 나와 움츠린 날개를 말리고 날아갈 준비를 마쳤다. 다시 태어난 발걸음은 아주 가벼웠다. 이번 생에서 그는 나비가 아니라 하루살이였는지도 모른다. 멀리 보지 않고 앞으로 주어진 24시간을 성실히 살아내기로 결심했다. 하루 동안 할 수 있는 일들을 하자. 내일이면 또다시 새로 태어난 하루를 선물 받을 테니까.

자연에선 모두 꼭 나비가 아니어도 좋다. 달콤한 과실과 꿀이 아니라 시금털털한 감정 속에도 삶은 스며든다. 나는 내가 되어야 나인 채 살아갈 수 있다.

야식 동물의 마음_
식욕

코로나와 빈대 이슈가 한 차례 오갔다. 인간과 작은 것들과의 전쟁이 선포되었다. 이 시대의 전쟁은 비단 작은 것들만의 문제는 아니다. 중년이 되고부터 해마다 늘어나는 바지 크기와의 전쟁도 빼놓을 수 없다.

육체노동을 주로 하던 과거와는 달리 기술집약 산업으로 구조가 바뀌었다. 더욱이 공장화된 식품 가공 산업은 이윤을 극대화하기 위해 끊임없이 새로운 조리법을 발달시킨다. 지구 반대편에서는 굶는 사람이 있는가 하면, 물류가 발달한 마트에선 진귀한 먹거리가 넘쳐난다.

이 시대의 또 다른 질병으로 인식할 만큼 비만 인구 또한 증가했다. 인류의 역사와 함께 발달해온 요리법의 발달은 이제 국경을 넘어 세계로 전파되고 있다. 우리 식탁에 오른 서양식 식습관과 고열량 디저트들은 사람들의 입맛을 더욱 자극적으로 만들었다. 입속의 작은 혀, 그 위에 난 미각 돌기들을 즐겁게 하기 위해 과연 얼마나 많은 음식을 먹어야 할까?

자꾸 음식을 찾게 되는 마음은 어디에서 오는 것일까? 허기는 육체적 요인에서도 오지만 심리적 요인에서도 온다. 에너지 부족으로 굶주림을 느낄 때도 있지만 주로 심리적으로 허전함을 채우기 위해 먹는 경우도 많다. 보상받고 싶은 마음을 미식의 즐거움과 포만감으로 손쉽게 채울 수 있다.

우리 주변에는 인식하지 못하는 유혹도 많다. 버스를 기다리던 전광판에서 먹음직스러운 육즙을 자랑하는 햄버거가 등장하면 사람들은 멍하니 바라보게 된다. 마트를 지나갈 때면 지글지글 삼겹살 굽는 소리와 냄새로 시식 코너에서 예상치도 못한 고기를 구매하기도 한다. 이런 푸드 판타지는 우리의 눈과 코와 귀로 정보를 흘려 매혹한다. 주문 버튼을 누르면 바로 배달되는 푸드 배달 시스템도 한몫한다.
또한 아이들을 키우는 집이라면 간식을 전투식량으로 쟁여두곤 한다. 시시각각 배고픔의 버저를 눌러대는 아이들을 순한 양으로 만들 수 있기 때문이다. 하지만 빠르고 값싼 식품을 먹이는 행동들은 좀 더 냉철하게 관찰해야 한다.

한편 '덜 먹고 더 운동하면 된다'라는 단순한 생각은 타인을 향해 날 선 잣대를 드리우곤 한다. "뚱뚱한 건 게으름 때문이니 비난받아 마땅하다." 비만인들을 향한 날 선 시선을 내비치기도 한다. 체중을 마음먹은 대로 조절하는 일은 누구에게나 쉽지 않다.

실제로 비만은 많이 먹거나 적게 운동하기 때문만은 아니다. 개개인의 대사 능력에 따라 다르다. 대사는 우리가 먹은 음식을 에너지로 소비하는 일이다. 사람들의 지문이나 홍채가 다르듯 대사 능력 또한 다르다. 대부분 나이나 환경요인 혹은 유전형질에 따라 결정된다. 같은 음식을 먹어도 대사 능력에 따라 비만이 될 수도 있고, 아닐 수도 있다. "먹은 만큼 움직이면 된다. 게으름을 탓하라"라는 공식을 섣불리 모두에게 적용하면 안 되는 이유다.

발달한 기술만큼 다양한 다이어트 방식 또한 개발되고 있다. 간헐적 다이어트와 탄단고지 혹은 해조류만 먹는 지중해식 다이어트 등이 사람들 사이에서 회자된다. 살을 빼는 일이 일종의 산업이 되어 시장을 형성하고 있다.

한국 사람은 대부분 사회에서 인정받으며, 경쟁에서 빠른 성취를 바란다. 불볕더위 속에서 매운맛을 모은 고추장의 얼큰함처럼 단련된 열정이 그 누구보다 '빠른 첨단산업의 발전'을 이뤄냈다.

과연 빠른 게 늘 좋기만 할 일인가? 적어도 섭식에 있어선 그렇지 않다. 배달앱에서 순식간에 배달받은 식사에는 어느 정도 설탕과 염분이 들어있으며, 어느 나라에서 재배된 재료로 누가 만들었는지 전부 블라인드처럼 가려져 있다. 약탈이나 약취 없이 생산자에게 공정한 수익이 돌아갔는지, 혹은 올바른 먹거리로 양심적인 제조 과정을 거쳤는지 알 수 없다. 때론 모르고 먹어야 맛있게 먹을 수 있는 음식들도 있다.

'얼마나 먹을 것인가?'가 아니라 '무엇을 먹을 것인가?'가 중요하다. 다가올 4차 산업혁명 사회에선 비대면이 핵심이다. 점차 인간의 소통이 온라인화되고 직접 목소리로 대화하기보다 번역기를 사이에 두고 대화하는 일이 늘어간다. 편리함이라는 명목 아래 사람이 배제되어 가는 AI 기술 산업에 아쉬움을 느낀다.

그런데도 '사람 사는 일의 온도'에 대해 자주 생각한다. 누군지 모르는 사람이 조리한 음식이 얼굴 없는 이의 손에 배달된다. 모니터를 대면하고 우물우물 씹는 누군가의 작고 움츠러든 등이 곧 내가 사랑하는 이의 모습이 될지도 모른다. 정이 넘치던 과거로 돌아가자고 떼를 쓰는 건 아니다. 적어도 '내 몸'과 관련된 일은 직접 눈으로 보고 알면 알수록 좋다. 조리하는 전 과정을 믿을 수 있는 안전한 먹거리가 결국 '나'를 구성한다. 행복은 장 속에서도 태동한다.

요리는 누군가의 기운을 북돋는다. 요리 자체에는 기운이 담긴다. 정성스레 손으로 빚은 만두를 넣어 새해에 먹는 떡국은 한 해의 기운을 담는 중요한 음식이다. 또 정월 대보름에는 오곡밥과 아홉 가지 나물, 귀밝이술을 먹으며 한 해를 무탈하고 건강하게 지내기를 바라는 마음을 기원하기도 했다. 우리 조상들은 음식을 만들어 먹는 행위로 복을 빌기도 했다.

요리는 신선한 재료를 직접 고르는 일부터 시작된다. 가공 식품을 구매할 땐 식품 정보란에 적힌 표시를 보고 어디에서 무엇으로 제조되었는지 읽어보는 관심 하나가 광고의 홍수속에서 흔들리지 않는 신념을 준다. 흐르는 물에 씻고 칼로 잘라 다듬으며 코에 전해지는 향기와 손바닥 감각으로 전해지는 질감에서 오감은 자극된다.

타인에게 잘 보이고 싶은 마음에 살을 빼는 행위가 아닌,

만족스러운 상태로 살기 위해 건강에 집중할 때 우리는 비로소 나이어트로 인한 스트레스와 불안에서 벗어날 수 있다. 안에서부터 차오르는 기력과 에너지는 정서적 허기에 맞서 싸울 힘을 준다.

제철 맞은 싱싱한 재료들을 만나면 경험 삼아 구매해 보는 것도 좋다. '먹어보고 아니면 말지'라는 두려움 없는 태도는 우연히 찾은 식재료와 친해질 기회를 준다. 먹을 수 없다고 생각한 재료들을 찾아 넓혀가는 과정은 사실 개인에게 굉장한 도전이다. 시간적 여유로움을 갖고 직접 발품을 팔아 입맛에 맞는 조리 방법을 찾아보는 일이 기력을 살리기도 한다.

실력이 비슷비슷한 개인들로 이뤄진 경쟁 사회에선 성취만이 인정받을 수 있다. 어릴 적 부모님은 곧잘 '사람답게 살라'고 하셨는데 인정받지 못한 인간으로 사는 건 어쩐지 동물적이다. 이곳 정글에선 밤마다 인정의 전선에서 허한 마음을 음식으로 찾으며 기웃거리는 사람이 있다. 그들은 어쩌면 '야식 동물'이 아닐까?

마음의 허기짐은 따뜻한 마라탕 대신 환대와 지지로 채워져야 한다. 먹방을 보고 맛집에 줄 서서 먹는 순간을 자랑하는 행위는 곧잘 피로 사회에서 아편제로 작용한다. 꾹꾹 참고 일한 나에게 주는 보상이자 위로이다. 살아가고 싶은 방식대로 살아가지 못한 채 마음의 소리에 문을 닫아버린 대가로 밀려온 정서적 허기이다.

오래도록 은근하게 지속될 수 있는 위로는 결국 자기 안에 있다. 직접 나를 돌보는 힘은 자신을 넉넉하게 대하는 자족감을 가져다준다.

지난 계절, 얼마나 자주 타인의 손을 빌려 값싸고 빠른 끼니를 때웠는지 돌아본다. 사랑의 결말은 건강한 독립이다. 나를 사랑하는 일은 나의 독립을 돕는 일이기도 하다. 독립은 우리가 먹고 마시고 바르고 입는 간소한 순간을 챙기는 일부터 시작된다. 남에게 얹혀사는 기생 살이가 아닌 '자신과 더부살이'하는 그날까지 생의 전 과정에서 '도전과 배움'은 계속된다.

✦ ✦

명도와 채도를 아는 마음 _
모두가 주인공이어야 하는 세상

　가끔 혼자서 밥을 먹을 때면 유튜브를 켠다. 밥알은 입안
에서 톡톡 터지고 수려한 말솜씨와 정보가 귀에 쏙쏙 박힌
다. 몸과 마음이 그림자처럼 살찌는 것 같다. 알고리즘의 추
천으로 인플루언서의 일상을 만나기도 한다. 그들의 삶은 마
치 발광하는 유화 물감을 덕지덕지 얹은 듯한 미술관의 명화
같다. 자고 일어나면 새로운 사람들이 알고리즘에 추가된다.
그들은 독특하고 톡톡 튀는 전략으로 사람들의 관심을 먹고
자라난다. 가끔 이들이 한자리에 모두 모여있다면 어떨지 상
상한다. 알록달록 총천연색의 집합장 속에서 그 순간 황홀할
까, 혹은 어지러울까?

같은 색상이어도 묘하게 다를 때가 있다. 명도나 채도에서 차이가 나기 때문이다. 한여름 아카시아 군락의 쨍한 푸르름도 있지만, 모래사장 위에 펼쳐진 파라솔의 빛바랜 푸르름도 있다.

만약 태어날 때부터 사람에게 각자의 색이 정해져 있다면, 아마도 각자의 명도나 채도가 다를 것이다. 요즘은 MBTI로 외향적 성향 'E'가 주목받는 시대이다. 저마다 자기 PR을 하며 살아가기에 바쁘지만, 그럴 수 없는 사람도 존재한다. 스펙트럼 속에서 빛과 어둠이 혼재해 있듯 당연한 사람 간의 차이를 자주 잊고 살아간다.

세상 어딘가엔 드러나지 않기 위해 애를 쓰는 사람들도 있다. 뼈다귀를 닮은 대문자 알파벳 'I'를 떠올리면 저절로 고개를 주억거리게 된다. 사람들로 북적이던 만남의 공간 속에서 유령처럼 '있어도 없는 듯' 지내도 편한 사람, 내리는 비를 피하듯 잘못 엮이면 불편할 사람들과 성가신 사건들을 지뢰밭처럼 피하며 살아온 나 역시 뼛속까지 내향인이다.

스포트라이트를 받는 화려한 등장보단 아무도 눈치채지 못하게 슬쩍 자리를 채우는 일이 더 속 편한 사람도 있다. 그래서인지 사람들 속에서 포지션은 관망자가 되기도 하고 어느 날은 산처럼 우직한 사람이 되기도 한다. 사람에게 속아

울다가도 버쩍 일어나 다시 걸을 수 있게 하는 것도 결국 사람인, 내향인에게 거리감은 중요하다. 적정량을 복용하면 약이 되지만, 과잉 섭취해버리면 독이 되는 게 관계다. 적정 거리를 유지하며 사는 것이 그들에게 주어진 숙명이다.

"가까이 가면 타들어 갈 것 같은데 그렇다고 너무 먼 건 추워. 사계절을 돌고 돌며 서로의 곁을 지켜주는 사이는 어떨까?"

무채색으로 살아가고 싶은 내향인에게 처세술이 있다면 바로 '투명해지는 것'이다. 그들 주위에 잔뜩 힘을 준 옷과 번뜩이는 액세서리를 착용하고 입담을 자랑하는 이들이 존재하기에 가능하다.

누군가의 생에 끼어들어 영향력을 과시하려는 '은근한 지배욕'을 뚝뚝 흘리는 이들도 있다. 사람들을 홀리고 선동해서 자신을 과시하고 싶은 욕구는 훗날 창살이 되어 자기를 겨눌 수 있다. 그들은 과장하고, 치장하고, 재단하며 번지르르하게 풀 먹여 깃을 세운 인생을 논하느라 만남이 끝을 향해 달려가는 줄 모른다. 모두 평판 때문이다. 평판은 받아들이는 사람의 지극히 개인적인 사정에 따라 필터링된다. 외부에서 있다가도 없고, 없다가도 있는 것이 평판이다. 그걸 자랑이자 자존감의 원천으로 살아가는 사람들도 있다.

'평판' 대신 '평안'을 취하고 싶은 사람들이 바로 무채색 인간이다.

사람들 사이에서 입에 오르내리는 사람에겐 특징이 있다. 지나치게 말을 하고 지나치게 들어주지 않는다는 점이다. 상대방 선수가 네트 너머에 존재하는 테니스가 아닌 벽을 향해 치는 스쿼시를 오래 해 온 사람들이다.

또한 사람을 완벽하게 대해야 한다는 책임감도 관계의 피로감을 만든다. 과도하게 사려 깊은 노력에 즐거움이 반감되기도 한다. 누군가를 만나고 돌아와 그 사람 꽤 괜찮은 사람이었지, 곱씹게 만드는 사람에게도 특징이 있다. 곱씹게 만드는 여운이 있다. 상황에 적절한 말과 행동을 빠르게 더하는 것보다 신중할 때 무게가 느껴진다. 가끔 실수를 못 본 척 은밀한 배려로 감춰주는 침묵이 사람을 묵직하게 만들어 주는 때가 있다.

나는 그들을 전략적 무채색 인간이라 부르고 싶다. 한 발짝 떨어져 관계를 조용히 음미하는 그들은 시선 속에서 자유롭다. 경박하게 웃고 함부로 울지 않는다. 해결할 수 없는 일에 선뜻 뛰어들지 않고 신중하게 거절함으로써 자신을 조용히 보호한다. 언뜻 보기에 지나친 냉소주의자나 개인주의자로 비칠 수 있으나 오랜 시간 함께할수록 무해한 사람이 결국 무탈하다.

내향인의 어깨는 고맙고 좋아하는 이에게는 자꾸만 기운다. 비 오는 날 씌워준 우산도 둥근 어깨처럼 기울고 마주 앉은 등이 자꾸만 기운다. 만날 때보다 헤어지고 나서 더 오래 자주 생각나는 잔향 있는 사람을 떠올린다. 마음의 기울기는 거창하고 요란한 곳으로 흐르지 않는다. 낙수처럼 자꾸만 낮은 곳으로 흐르는 그걸 뭐라고 불러야 할까? '겸손함'이라 칭해도 좋을까? 지금도 어딘가에서 은근히 숨어있을 내향인 고수들에게 응원을 보내고 싶다. 지금 당신은 충분하다는 믿음, 이번 생에서 모두가 주인공일 필요는 없다.

슬퍼도 울지 못하는 마음_
슬픔에 대한 애도

얼마 전 우리나라에서 '개모차'의 판매량이 유모차를 추월했다는 기사가 쏟아졌다. 애견 전용 미용실에서부터 유치원과 호텔까지 바야흐로 신흥 반려동물의 시대를 맞이했다. 애견이 가족 구성원이 되어 국민의 사랑을 듬뿍 받는 지금 '개'는 우리의 말속에서도 자주 등장한다.

MZ세대가 사용하는 신조어 '개웃겨' '개멋짐' 등은 말머리에 '개'를 붙여 뭐든 강조한다. 이전 세대들이 신박하고 대단한 것에 붙이던 '짱'이나 '대박'의 자리를 당당히 이어가고 있다. 이러한 '개'를 사용한 말하기는 우리 선조들에게서도 찾아볼 수 있다. 속된 말로 처참히 깨지는 '개박살'과 아무런 보람이나 가치가 없는 '개죽음' 등은 주로 비하하는 의미를 담고 있다.

세상에 아무런 가치가 없는 '개죽음'처럼 안타까운 일이
또 어디 있을까? '죽음' 또한 무심코 쓰는 말속에서 자주 발
견할 수 있다. 연륜이 지긋한 노인들이 거리에서 사담을 나
눈다. "결혼 전에 내가 없으면 죽을 것 같단 사람이, 결혼 후
에 나 때문에 죽을 것 같다네." 죽을 것 같다는 말은 '못 살겠
다'라는 마음의 저항감을 대신 표현하기도 한다.

노인들에게 죽음은 그리 먼 이야기가 아니다. 주변에 소중
한 사람들이 떠나가는 모습을 바라보며, 차례를 기다리는 이
에게 죽음이란 굉장히 생경한 단어일 것이다. 나이가 많고
적음을 떠나 누구에게나 죽음은 사고처럼 날아든다. 어느 날
갑자기 마주한 날 것 같은 슬픔의 반죽에 익숙한 사람은 아
마도 없을 것이다.

요즘도 연말이 되면 캐럴 〈울면 안 돼〉가 길거리를 울린
다. 한 해 동안 울지 않고 꾹꾹 잘 참은 아이에게 보상처럼
선물이 찾아간다. 눈물이 헤픈 이에게 '울보'라는 별명을 붙
여주며 '울면 불운이 온다는 사실'을 전하기도 한다.

진정한 어른이라면 울면 안 된다는 사회적 분위기 때문인
지, 요즘 슬퍼도 울지 못하는 사람들이 늘고 있다. 실제로 울

고 싶어도 울지 못하고 꾹 참게 되는 '민모션 증후군'이 있다. 어릴 적 아기가 울면 엄마는 달려가 아기의 울음을 읽어주는 행위를 한다. 울음은 문자가 아닌 음성으로 되어 있어 그 뜻을 알기 위해선 면밀히 들여다보고 해석해줘야 한다. 지금 우리는 충분히 타인들의 울음을 읽어주고 있는 걸까?

지인이나 직장 동료 가족의 부고 소식을 종종 전해 듣는다. 그럴 때마다 상실에 대한 경험은 적고 애도를 배워본 적 없어 곤란할 때가 있다. '시간이 힘이다' '다 잘될 거야' 등 힘내라는 말로 서둘러 슬픔을 종용하려는 사람이 있는가 하면 어떻게 위로의 말을 해야 할지 몰라 회피하는 사람들도 더러 있다. 애도를 안 하는 게 아니라 몰라서 못 하는 건 안타까운 상황이다.

그래서 슬픔은 당사자에게 더욱 고립성을 띤다. 우리는 슬픔에 '빠진다'라고 표현한다. 깊고 어두운 구덩이나 나락 속에 빠진 듯 어찌할 수 없는 상태를 말한다. 슬픔이란 기침을 하듯 참을 수 없거나 다듬어지지 않은 날것 그대로의 감정 발현이다. 그러나 슬픔 또한 인간이 느끼는 다양하고 자연스러운 감정 중 하나이다. 그러한 감정을 부정적으로 생각하며 두려워하는 건 슬픔의 연쇄성 때문이다. 어쩌다 만난 소나기에 잔뜩 젖어 드는 것처럼 슬픔은 다른 감정을 전부 우울로 적신다. 슬픔이란 감정을 처리하는 일은 비에 젖은 무거운 코트를 입고 혼자서 진흙탕 속을 헤쳐 나오는 일과 같다.

가끔 TV에서 슬픔에 빠진 주인공이 가슴을 주먹으로 치는 행동을 한다. 슬픔은 신체적 고통을 동반한다. 실제로 실연이나 상실 후 가슴을 쥐어짜는 통증을 느낀다. 일부 사람들은 이를 '몸이 대신 울어준다'라고 한다. 기쁠 땐 손발이 저릿하며 간지럽지만, 소름 끼치는 상황에선 등골이 오싹하기도 한다. 구구절절한 사연을 들으면 가슴이 미어지고 고도가 높은 곳에선 오금이 저리기도 하다.

감정은 마음속에만 있지 않다. 우리의 몸 곳곳을 돌아다니며 오장육부와 근육, 피부에서 함께 숨을 쉰다. 말로만 전하던 애도가 힘이 없었던 까닭은 이와 비슷하다. 말이 아니라 몸으로 행동할 때 위로는 배가 된다.

세상에서 가장 소중한 사람을 떠나보낸 친구에게 어떤 사람이 되어주면 좋을까? 말없이 함께 울어주거나 곁에서 온기를 채워준다면 좋겠다. 고갈된 마음을 누일 수 있게 쉴 수 있는 배려와 따스한 눈빛으로 안아준다면 좋겠다. 거짓된 말을 부풀려 애써 위로하려 하지 않고 함께 고인을 그리워하는 시간을 보내면 어떨까?

 스무 살 꽃 같은 나이에 교통사고를 만나 전신 화상을 입은 이지선 이화여대 교수는 자신을 '사고와 잘 헤어진 사람'이라고 말한다. 그녀는 사고를 '당했다'고 말하지 않고 '만났다'고 한다. 사고를 당했다는 건 평생 불운한 피의자로 남겠지만 만남이라는 건 헤어짐이 있기 때문이다. 그녀는 과거의 슬픔을 재해석함으로써 결과가 아닌 과정의 단면으로 받아들였다.

 슬픔을 이겨냈다는 자긍심과 새로운 행복의 끝을 향해 가는 여정을 우리는 '승화'라고 한다. 누군가에게 슬픔은 깊은 트라우마가 되기도 하지만 인간의 고통을 깊이 이해할 수 있는 배움이 되기도 한다. 부모가 시도 때도 없이 우는 아기에게 달려가 울음을 읽어주듯 우리는 사랑하는 이들을 안아주기 위해 슬픔에 대한 이해가 필요하다. 슬퍼도 울지 못하는 마음을 외면하지 않고 다가가 살펴보려는 작은 관심과 마음이 애도의 시작이다.

초전도체의 마음_
감정과 거리 두기

하루에도 여러 번 생각이 머릿속을 부유한다. 파도가 넘실대는 해변에서 감정의 파도가 드나드는 광경을 바라본다. 바다의 부드러운 곡선이 갈매기를 목말 태우기도 하고 하얀 포말을 이룬 파도가 멀리서 엄격한 얼굴로 달려오기도 한다. 바다에 여러 가지 파장을 지닌 파도들이 오고 또 간다. 감정도 그와 같다.

한때 사람이 무쇠로 만들어진 초전도체 같다고 생각한 적이 있다. 벼락같은 감정이 내리치면 사람은 고스란히 맞을 수밖에 없는 피뢰침 같았다. 불합리한 처사와 낙뢰처럼 쏟아진 감정은 그날의 모든 감각을 마비시킨다. 그런데도 감정은 영원히 지속되지 않는다. 불행 중 다행인 건 모든 감정에 끝이 있다는 사실이다.

아름답고 긍정적인 감정만이 인간이 지녀야 할 기본 감정인 줄 알고 살아왔다. 분노와 좌절의 부정적 감정들은 추하며 아무런 쓸모가 없다고 생각했다. 감정끼리 서로 차별하고 더 나아가 오명을 붙였다. 그러나 사람이 감정을 맞는 전도체라 생각하니 지나가는 모든 감정이 그저 자연스러운 현상이 된다. 판단하지 말고 그저 흘려보내면 그만인 것을, 감정에 끌려다니며 인생을 맡기지 않아도 된다.

우리나라 연구원들이 발명한 초전도체라는 우수한 물질이 있다. 전기는 가끔 전도체를 통과하며 이동 중 마찰에 의해 저항이 발생한다. 초전도체는 출발한 전기가 아무 손실 없이 빠르게 이동하도록 저항이 '0'인 물질을 개발한 것이다. 저항에 전력손실이 없는 초전도체처럼 우리의 마음도 감정에 저항하느라 손실되지 않는다면 얼마나 좋을까?

심장이 쿵쾅대고 더럽혀진 분노의 형상을 가만히 들여다본다. 우리는 놓쳐버린 엘리베이터 앞에서 생각보다 쉽게 분노하고, 자동차 키를 잃어버리거나, 잊고 나온 우산 앞에서 자주 분노한다.

중요한 건 분노의 순간을 살피는 일이다. 감정에는 잘못이 없다. 울고 싶을 땐 울어도 좋다. 화내고 싶을 땐 화내고 분노가 차오르면 안전한 침대 위에 핸드폰을 집어 던져도 좋다. 감정을 묵인하고 축소하려는 행위는 되레 독을 품는 일이다. 흘려보낼 전류를 안전한 공간에서 혼자 표출하는 일은 건강한 행위이다. 어린아이의 분노처럼 바다에 돌멩이도 던져보고 공들여 쌓은 모래성을 밟아도 좋다. 너울대는 파도가 생성되듯 감정은 또 다른 동력이 될 수 있다. 감정을 읽는 건 인생이란 다변하는 기상 상황 속에서 파도를 읽는 법을 이해하는 것과 같다.

사람을 분노하게 만드는 두려움이란 괴물이 있다. 두려움은 또 다른 두려움을 먹고 자란다. 실제보다 곱절은 크게 몸집을 부풀릴 수도 있다. 두려움은 유리처럼 투명해서 세상으로부터 오는 모든 자극을 투영시키지만 정작 자기 정체를 비출 수 없다. 우리 안에서 목소리로만 존재한다. 두려움이 커질수록 사람들은 자기 자신을 끊임없이 의심하게 된다.

'어차피 넌 감당하지 못할걸?'
'거봐, 내가 안 될 거라고 몇 번을 말해.'
'그만해도 아무도 뭐라 안 한다니까.'

'그냥 대충해, 밥이나 먹자.'

'잠깐 소파에 누워봐.'

'카톡 왔다니까 확인 안 할 거야?'

'넌 아무래도 재능이 없어 보여.'

두려움이 잡아먹을 수 없는 사람도 존재한다. 바로 아무것도 잃을 게 없는 사람이다. 두려움은 지나치게 안전한 삶을 소유하려는 마음에서 싹튼다. 질병과 소멸에 대한 두려움은 죽음이란 대장을 데려와 우리를 꼼짝 못 하게 한다. 긴장감을 내려놓고 이완 상태로 돌아가기 위해서는 자유로움이 필요하다. '무엇 없이 살아갈 용기'는 두려움을 밀고 나아가는 힘이 된다. 병리적이고 정서적인 의존성으로부터 독립하는 일이다. 장난꾸러기 아이들처럼 모험을 즐기는 마음과 배포로 무장해도 좋다.

소유하고 싶은 욕구들을 내려놓기 위해 우리는 좀 더 관대해질 필요가 있다. 하루에도 여러 번 벼락 치는 감정들을 '좋거나 싫다'고 판단하지 말고 그대로 지나가도록 바라봐주는 것, 긴장을 풀고 이해해 보려는 노력이 감정을 저항 없이 배출하게 한다.

초전도체의 또 다른 특징은 전자기기와 발열이 없어 냉각 장치가 필요 없다는 점이다. 전기는 기온이 낮을수록 손실 없이 전달되기 때문이다. 발열이 없는 초전도체 덕분에 더 작고 똑똑한 반도체가 나타날 수 있었다.

골치 아픈 상황을 떠올릴 때 머리에 피가 쏠리고 열이 나는 건 사람도 비슷하다. 차가워지기 위해선 감정을 초월해야 한다. 머리에 지끈지끈 열이 난다면 운동화 뒤축에 발가락을 슬며시 넣고 달려도 좋다. 두 다리가 땅을 딛는 파장을 따라 머리카락이 춤을 추고 바람이 귓바퀴를 맴돌아나가는 소리에 집중해 보자.

기쁨이란 전자기장처럼 눈에 보이지 않지만 언제나 존재한다. 자기장은 그 위에 철 가루를 뿌리는 실험을 거쳐야 사람의 눈으로 볼 수 있지만, 동물들은 생존을 위해 자기장을 읽고 느끼며 살아간다. 지구는 매우 커다란 자석이니까. 우리는 언제 어디서든 '자기 감각'을 잊지 않고 살아야 할 생명체들이다. 감정과 악다구니로 싸울 게 아니라 사춘기 자녀를 대하듯 내버려두고 바라봐주는 인정과 신뢰가 필요한 때이다.

상대를 간파해 보려는 마음 _
인간성에 관한 신뢰

어린 시절, 우리 동네에는 유명한 '바보 오빠'가 살았다. 아이들이 지어준 별명은 그를 비하하거나 공격하기 위해서가 아닌 그의 바보같이 착한 심성 때문이었다.

더벅머리의 덩치 큰 소년은 골목길에서 키가 허리춤에 오는 아이들과 늘 술래잡기했다. 집에 있던 장난감을 들고나와 곧잘 나눠주었으며, 공을 피해 도망가는 날쌘 아이들을 대신해서 맞아주기도 했다. 부모님들이 모두 일하러 나가면 골목에서 아이들 곁을 지키던 푸근한 사람이었다.

해 질 녘 그림자가 길게 늘어진 그 '바보 오빠'는 학교에 다니지 않았다. 이상한 건 동네 사람 누구도 의아해하지 않았다는 것이다. 어느 날, 부모님으로부터 과거 교통사고 이야기를 전해 듣고서야 '바보 오빠'가 바보로 살지 않던 시절이 있었음을 알게 되었다. 한 골목 안에서 모두가 각양각색 주택을 짓고 살던 과거 그 시절은 서로의 속사정과 밥숟가락 개수까지 속속들이 잘 알았다. 그곳 아이들에게 '바보 오빠'는 무해하고 안전한 사람이었다.

어느덧 도시개발로 인해 주택 골목 가에 쳐진 거미줄 같던 전선과 전봇대가 사라졌다. 뿌리 뽑힌 나무와 집들이 사라지자, 언덕은 곧 평지가 되었다. 누워있던 도시가 일어서 수직화되자 우리의 주거 문화는 2천에서 4천 세대가 거주할 수 있는 초고층 아파트 단지로 바뀌었다.

아파트에 살며 2년에 한 번씩 전세 계약을 만료하고 이사를 했다. 어디를 가더라도 브랜드와 동호수가 다를 뿐 모두 같은 편리함을 기대할 수 있었다. 수납 정리 이사 서비스 덕분에 원하는 곳 어디든 가서 살아볼 수 있는 이동의 자유를 누리게 되었다. 중고 주택이 철거되고 개발된 신도시에는 이방인들의 유입이 많았다. 우리 동네 사람이 누군지 다 알 수 없을 만큼 아파트에는 다양한 가치관과 문화가 공존하게 되었다.

얼마 전 경찰서에서 소아 성범죄자가 근처로 전입신고를 했다는 안내 문자를 받았다. 전송된 사진 속 범죄자는 번지르르한 외모로 아이들에게 경계심을 일으키기보단 호감 상에 가까웠다. 하루에도 무심코 스치게 되는 수많은 이방인 중에서 누가 아군이고, 누가 적군인지 가려내는 일은 쉽지 않다.

과거 어르신들에게 궁금한 사람을 물으면 정보를 알 수 있었던 것과 달리 지금은 낯선 사람들을 직접 판단해야 한다. 우선 대화를 나눠보거나 인상이나 태도와 같은 비언어적 의사소통 방식을 더해서 타인을 인식한다. 자신이 인식하는 주관적 인지와 타자가 인식하는 객관적 인지 사이에는 '틈'이 존재한다.

인간은 비정형 3차원 입체와도 같아서 어느 면을 보느냐에 따라 다르게 보인다. 대부분의 사람은 자신이 바라보고 있는 면을 진실로 받아들인다. 그래서 종종 인지부조화를 가져오곤 한다. 이로 인해 실제 사람보다 더 부풀려 보이게 만들거나 초라하게도 만드는 결과를 초래하기도 한다.

우리는 해석의 세계를 살고 있다. 사람과의 관계에도 해석이 필요하다. 해석이란 각자 개인이 쌓아온 경험이나 지식에 기대어 판단한다. 같은 사물도 다 다르게 해석될 여지가 있다. 판단하는 대상이 '사실'이나 '사물'이 아니라 '사람'이라면 해석은 더욱 어려워진다.

사람마다 가진 사회적 감수성도 다 다르다. 학교라는 작은 사회에서부터 직장생활까지 수많은 사람이 거쳐 가며 한 사람을 다 이해하는 일은 어렵다는 것을 경험한다.

빠르고 바쁜 현대사회 속에는 정보의 홍수가 범람한다. 예전에 한 사람을 이해하기 위해서는 사계절을 지내보라는 말이 있다. 빨리빨리 재촉하는 우리 사회의 속도로 한 사람을 관찰하고 받아들이는 데 쏟을 여유가 부족하다.

이러한 사람들의 욕구는 MBTI가 등장하며 열광하게 했다. 처음 만난 사람을 신속히 판단할 수 있게 된 발명품으로 이제 사람들은 서로를 쉽게 범주화할 수 있다. 그러나 이 세계는 MBTI로는 다 설명할 수 없다.

순간적인 선택들이 쌓여 한 사람의 고유성을 결정한다는 말이 있다. 이 말을 거꾸로 받아들이면 위험할 수 있다. 사람의 고유성은 순간적인 선택으로 결정되지 않는다. 상황에 따라 뒤바뀌는 순간적인 의도나 감정 혹은 욕구 같은 것들은 지극히 일시적이다. 그것은 상황이 바뀌거나 해갈되면 저절로 없어지거나 대체되기도 한다.

사람의 고유성을 파악할 수 있는 신념이나 성격 특성 혹은 통찰력은 대체로 관찰하기 어렵다. 타인을 향한 섬세하지 않은 이해는 섣부른 오해를 불러올 수 있다. 사람과 사람 사이의 오해에는 자신의 과거 경험이나 고정관념이 작용하기도 한다. 이는 살아오며 학습된 선입견이나 문화적으로 발달해 온 집단 착각인 경우도 있다. 그러한 잡음들 속에서 타인을 어떻게 제대로 이해해야 할 것인가?

김유 작가의 《사자마트》라는 그림책이 있다.

어느 날, 마트에 들어온 아주머니는 주인 사자 씨의 얼굴을 보고 놀라서 두 손을 들고 도망 나간다. 물건을 정리하던 사자 씨의 머리는 헝클어져 있고, 숨이 차서 목소리는 거칠어졌기 때문이다.

그 뒤로도 아주머니의 첫인상을 지배했던 '낙인효과'는 쉽사리 바뀌지 않는다. 그리고 오해와 편견은 발 없는 소문이 되어 퍼져나간다. 아무리 머리를 단정하게 빗고 쓸고 닦아도 사자 아저씨의 가게에는 물건을 사러 오는 사람이 아무도 없다.

그러던 어느 날, 온 동네에 정전이 된다. 캄캄한 암흑 속에 촛불을 켜둔 사자마트로 사람들이 하나둘 찾아든다. 그동안 사자 아저씨를 판단하던 시각적 자극들이 암흑 속에서 쓸모를 다하자, 사람들은 부드러운 아저씨의 음성과 태도에 귀를 기울이기 시작한다. 그제야 사람들은 매일 길고양이들의 밥그릇을 살피던 아저씨의 따뜻함을 알게 되고 화해의 손길을 건네 온다.

《미국의 목가》에서 작가 필립 로스는 '산다는 것은 사람들을 오해하는 것'이고 신중하게 다시 생각해 본 뒤에 또 '오해하는 일의 연속'이라고 했다. 그는 이 슬프지만 아이러니한 세상과 화해하며 살아가는 일 또한 인생이라고 본다. 우리는 인생을 통틀어 자기 자신을 이해하는 일조차 어려워 잦은 오해를 하게 된다. 하물며 타인을 오해하는 일은 어떻겠는가?

사람을 이해하기 위해 그다지 많은 정보가 필요한 게 아니다. 정보의 홍수와 범람은 되레 또 다른 오해나 선입견을 만들어 낼 수 있다. 어쩌면 이 시대를 살아가는 사람들에게 진심으로 필요한 건 상대방을 향한 작은 '관심'과 '수용'인지 모른다. 적인지 아군인지를 따지기 전에 그동안 우리가 가지고 살아왔던 집단 인간성에 기대를 걸어봐야 한다.

인류 전체에 대한 기본적인 낙관과 사랑은 신뢰를 기반으로 한다. 오해를 차별 없이 이해할 수 있을 때 서로 화해할

수 있다. '행복'이 보이지 않는 네잎클로버를 찾는 '발견의
일'인 것처럼 인류와 이웃에 대한 경외심 또한 찾는 이의 한
뼘 손안에 달려있는지도 모른다.

나를
안아주는
마음

새로 시작하는 마음 _
도전이 두려운 마음의 마찰력

　쓰는 시간은 온전한 희열이다. 몰입하며 쓰는 동안 삶의 고통도 오욕도 아득하게 잊힌다. 무념무상의 순간이 명상 혹은 요가처럼 다가온다. 그런데도 매번 새로 글을 시작하는 일은 어렵다. '새로 시작하는 마음'에 보이지 않는 마찰력이 존재하는 것만 같다.

　글을 시작하는 순간 모니터 위에 작은 커서가 깜빡인다. 빈 화면을 넋 놓고 바라보는 순간이 수없이 반복된다. 운 좋게 꿈에서 나온 조상님이 불러주신 대로 써서 신춘문예에 당선되거나 베스트셀러가 된다면 좋겠지만, 인생이란 녀석은 늘 녹록하지 않다.

첫 문단을 쓰고 또 지우고를 반복한다. 술술 써지지 않는 나름의 이유를 열거하며 투덜거리던 찰나였다. 모니터 아래 사진 속에서 한 아이가 확신에 찬 표정으로 큰 손을 붙잡고 서 있다.

부모님이 지어준 밥을 받아먹고 자라던 그 시절, 누구나 '특별하게' 바라봐주던 순간들이 있다. 그 시절은 대체로 누구나 사랑의 대명사였다. 증명해 내지 않아도 눈빛과 미소로 느낄 수 있다. 어른이 되고 자주 그런 시절을 잊고 살았다. 쓰는 행위로 바쁘게 사느라 잊고 지내던 '나'에게 말을 건다. 자신을 대화에 초대해 본다.

쓰는 일은 자기 자신에게 보내는 화해이자 안부이다. 계속 쓰다 보면 '슬픔'이나 '불안'이 등짐을 질 수 있을 만큼 줄어들어 간다. 점차 자신을 알아가고 회복해 가며 단단히 나아갈 수 있는 용기를 지닌 사람이 되어 간다.

쓴다는 것은 자식을 키우는 일과 비슷하다. 불확실한 상황 속에서도 자신을 인고의 과정으로 이끄는 일이다. 자녀를 키우는 일과 '쓰는 일' 모두 적당한 고독과 불안이 좋은 재료가 된다. 심혈을 기울여 돌보게 만든다. 예쁘고 뛰어난 사람을 사랑하는 건 누구나 할 수 있다. 못나고 부족한 존재를 안고 사랑하는 건 '부모'가 내어주는 사랑이다. 자식을 낳고 키우는 일은 끝없는 고난 속에 뛰어드는 일과 같다. 결코 만만하거나 쉽지 않다. 크고 작은 시행착오 속에서 다시 제대로 사랑하는 법을 배워간다.

글쓰기도 마찬가지다. 매번 쓰는 모든 글이 예쁘고 반듯할 리 없다. 내 손으로 적어낸 글이 밉다고 사랑하지 않을 수 없다. 쓰기 위해선 나의 못난 글을 마주할 수 있어야 한다. 아이의 머리에 물 발라 가지런히 빗겨 주고 단추를 채워주는 부지런한 손길은 내면을 단단하게 키워낸다. 쓰는 일, 그것은 결국 '나를 사랑하는 일'의 연장선이다.

누구에게나 생의 시작은 반짝이는 별이었다. 잘 기억나지 않아도 '웃고 노래 부르고 먹고 떠들고 자는' 그런 평범한 순간들이 양육자의 눈 속에 보석처럼 박힌 시절을 통과해 왔다. 누군가 곁을 내어주고 흐뭇하게 바라봐주던 지극히 평범한 세월이 지금의 '나'를 이루는 구성요소이다.

지금, 혹 못난 얼굴을 비추는 거울을 들고 있다면 내려놓고 빈 종이와 마주해보는 것도 좋다. 호시절을 당연하게 여겼던 날들이 떠올라 두 볼이 열기로 화끈거린다면 홀로서기를 시작해 보자. 타인에게 보이는 모습 말고 혼자 있을 때 스스로를 잘 대접해 왔는지, 되물어 보자. 실패의 순간, 부끄러운 감정들을 은밀히 숨기고 치우기에 급급하진 않았던가.

나는 나에게 친절한 사람이었던가 반문해 본다. 그런 날들 속에서조차 우리는 진심으로 누구보다 잘 해내고 싶었을 것이다. 아마 번듯하게 해내고 싶었으리라. 스스로 갇힌 '인정'이라는 감옥에는 탈출구가 없으니 탓하지 말자. 인정이 곧 자부심과 사랑이라 착각했던 날들에 먼저 이별을 고하자.

사랑은 '~하다' 동사이다. 있는 그대로 숨 쉬고 말하고 존재하는 모든 순간을 그저 바라보고 사랑스럽게 여기면 된다. 스스로를 위로할 수 없는 사람은 타인 역시 제대로 위로할 수 없다. 불안에 사로잡힌 마음과 열등감으로 들끓었던 열기가 사그라지면 안에 숨겨졌던 자존심을 제대로 볼 수 있다. 녀석은 열기가 빠진 풍선처럼 크게 부풀었지만, 욕심이 빠져나간 자리는 언제든 평온함으로 되찾을 수 있다.

그동안 내게 존재하던 쓰기의 마찰력은 '두려움'이었다. 실패가 퍽 두려웠기 때문이다. 인정받고 싶은 욕망을 내려놓자, 나를 사랑하는 일이 전적으로 내 손안에 달려있다고 생각했다.

어릴 적 롤러스케이트를 배울 때 땅을 짚고 넘어지는 법부터 시작한다. 잘 넘어져야 다치지 않고 오래 탈 수 있다는 게 롤러스케이트의 기본이었다. 어린 마음에 쌩쌩 달리고 싶은데 왜 자꾸 넘어지는 것만 시키냐며 투덜거렸다. 다치지 않아야 더 오래 즐길 수 있다는 것을 실제로 와장창 깨지고 알게 되었다. 인생도 참 비슷하다. 안전하게 잘 넘어져야 '다시 일어서는 법'을 배울 수 있다. '달리는 것'은 다른 문제다.

피아니스트는 무대 위의 짧은 연주를 위해 온종일 골방에서 피아노를 친다. 코앞에 모니터를 마주하고 앉아 자판을 두드리는 이와 붓을 쥔 화가, 도기를 두드리는 도공과 자신과 마주한 인류는 실패와 지지 않는 싸움을 한다. 온전히 고독을 마주하며 자신만의 고유함을 개척해 간다. 그러다 애써 만든 도기를 망치로 부숴야 하는 날도 온다. 인간이기에 매번 완벽할 수는 없다.

실패는 두 종류가 있다. 앞으로 나아가는 실패와 멈추는 실패가 있다. 실패가 두려워 도전을 멈추면 우리는 실패했다고 본다. 실패를 거듭하며 계속 나아가는 과정을 성장이라 부른다. 도전하기에 앞서 실패와 실수에 포용적인 사람이 되어야 하는 이유이다.

시작하기에 앞서 자신에게 좀 더 관대해져야 할 필요가 있다. 무엇이 되지 않아도 '끊임없이 몰입하며 나아가는 행위' 그 자체만으로도 충만함에 도달할 수 있다. 쓰기를 시작하는 글을 쓰다가 어느새 글 한 편을 다 써버린 지금처럼, 새로 시작하는 마음은 '잔뜩 준 힘 빼기'로 정해보면 어떨까?

시간 여행자의 마음 _
지금에 집중하기

 이따금 원목 의자에 앉아 부드러운 실뭉치로 뜨개질하는 이를 상상한다. 그는 시간이라는 붉은 색실을 풀어 무언가를 만드는 데 여념이 없다.

 인고의 시간 동안 실은 뜨개질을 통해 형상을 바꿔 간다. 도톰하고 포근한 시간의 타래는 과거부터 미래까지 한 가닥으로 죽 이어져 있다. 놀라운 건 실이 단 한 번도 끊긴 적 없다는 것이다. 실과 바늘을 쥔 두툼한 두 손은 부지런히 쉰 적 없다. 정작 그는 왜 이리 초조한 것일까? 뜨개질 속도가 빨라질수록 마음은 더욱 바빠진다. 인생도 역시 시간이란 붉은 실로 완성해 가는 뜨개질 같다.

물리적으로 이동하는 시간, 훔쳐보는 시간, 먹고 배설하는 시간, 잠을 청하는 시간, 돌봄의 시간, 취미를 갖는 시간, 여행하는 시간, 배움의 시간, 습관을 형성하는 시간, 관계를 구축하기 위한 시간, 소통의 시간, 지식을 쌓는 시간, 정신적 사유의 시간, 읽고 쓰는 시간, 아파할 시간, 좌절할 시간, 미워할 시간, 치유의 시간, 휴식의 시간, 죽어가는 시간, 기다림의 시간, 새로움을 발굴하는 시간, 수집의 시간 등등…….

시간이란 붉은 실로 코를 떠서 부지런히 직조하는 인생은 뜨개질 같다. 시간을 들인다는 것은 변화를 의미한다. 시간은 방향성을 가진 움직임의 에너지이다.

하루는 24시간으로 이루어져 있다. 시간은 물리적으로 제한된 한계를 지닌다. 그래도 해야만 할 일들은 끝없이 이어진다. 노동을 해서 돈을 벌고 성공도 하고 권력을 쥐는 일 모두 시간이 필요하다. 욕망은 달콤하기만 하다. 그래서 갈망할수록 초조함과 걱정이 늘어간다. 미래를 향한 탐욕이 늘어갈수록 현재의 지분은 더욱 작아져 간다.

시간을 사용해 불려 가는 것들이 있지만 잃어가는 것들도 있다. 그러나 모두 잠시 가질 뿐 영원히 가질 수 없다. 애써 가지지 못한 것들에 집착하고 자책한다면 '나'에게 친절하지 못한 사람이 될 수 있다. 시간은 돈과 호환성을 가지고 있다. 즉 돈과 시간은 서로 바꾸어 사용할 수 있다. 시간을 투자해 돈을 많이 버는 대신 때론 적게 벌고 시간적인 여유를 선택할 수도 있다. 그렇게 얻은 귀중한 시간을 어떻게 써야 할지, 진지한 고민이 필요하다.

시간을 버는 방법이 하나 더 있다면 바로 '하지 않을 일을 안 하는 것'이다. 그것은 '원하지 않을 힘'을 갖는 것이다. 사람들이 정해 놓은 인생의 목표치 중에서 '스스로를 만족시킬 수 있는 일'을 가려내자. 내 안에서 간절히 원하는 일들을 추려서 나만의 속도로 시도해 보는 거다. 쫓기듯 초조함과 저항감에 끌려가는 느낌이 든다면 돌아봄이 필요하다. 하지 않아도 좋을 일까지 다 해내느라 정작 '시간 없어'를 입버릇처럼 달고 살진 않는가?

자신이 통제할 수 있는 것과 없는 것들을 구분해 받아들이며 묵묵히 선택한 길을 나서는 사람이 진정 용기를 지닌 사람들이다.

시간은 미리 가불되지 않는다. 시간이라는 타래를 길게 펼쳐 조각조각 자르면 '지금'이 영원히 반복된다. 오늘은 짧지만, 인생은 길다. 시간을 따라 자연스럽게 흘러가기 위해선 채우는 것보다 내려놓는 마음이 먼저이다.

'오늘'이라는 그릇에 무슨 일이 담긴다 해도 미래의 당신은 괜찮다는 믿음으로 하루를 마주해 본다. 그릇은 비워졌을 때 새 용도를 찾을 수 있다. '감사한 마음'은 '없어도 괜찮은 초월함' 속에서 꽃을 피운다. 수많은 무게를 버티고 살아온 자신에게 감사의 말들도 전해보자.

"그동안 고생 많았어.""얼마나 노력했는지 다 알고 있어." "전부 네 덕분이야 고마워.""어려운 날들 속에서도 최선을 다해줘서 도움이 되었어.""네가 열심히 해 준 덕분이야." "힘들었을 텐데 잘 버텨줘서 고마워.""정말 대단해.""너의 노력을 잊지 않을게.""정말 수고 많았다.""그동안 고생한 것들 다 알아.""너는 정말 큰 힘이 되어줬어.""애써 살아남아 줘서 감사해.""기특하고 참 고맙고 기쁘다."

비로소 비워낸 그릇은 어떤 시간으로 채우면 좋을까?

정직할 시간, 자존감을 쌓아 올릴 시간, 인내할 시간, 관대함을 베풀 시간, 검소할 시간, 비움의 시간, 겸손할 시간, 친절할 시간, 환대할 시간, 자유로울 시간, 평화로 채울 시간, 기쁨을 만끽할 시간, 안락할 시간, 사랑할 시간 등을 재료로 오늘의 뜨개질을 이어가 본다. 각자의 색상과 패턴으로 뜨개질한 인생들이 모인다면 이 세상은 아름다운 작품 수장고가 되리라.

뻔뻔한 사람이 되고 싶은 마음 _
자기 객관화의 부작용

우리 말에 '모기도 낯짝이 있지'란 말이 있다. 모기에겐 좁쌀만 한 몸집이라도 잘 보이고 싶은 얼굴이 있을까? '설마 그런 행동할 리가……' 이 표현은 주로 기가 찰 때 쓴다. 염치가 없고 뻔뻔한 사람을 일컫는 또 다른 표현은 '뻔뻔하기가 양푼 밑구멍 같다'이다. 자신감 넘치는 사람에게 쓰는 '당당함'과 달리 '뻔뻔함'은 낯부끄러운 기색이 없이 행동하는 사람을 가리킨다. 뻔뻔함은 곧잘 태도에서 드러난다. 사람이 무심코 던지는 말과 몸짓이 연주하는 태도는 은연중에 표출된다.

자세히 살펴보면 주위에 뻔뻔한 행동을 하는 사람들이 꽤 많다. 문득 그렇게 살아가게 된 까닭이 무엇일지 궁금했다. 일부에겐 그저 타고난 성향일지 모르나 대부분 난관에 부닥쳤을 때 혼자서 해결할 수 있었던 나름의 돌파구나 방어기제로 쓰인 게 시작이다.

이 방법밖에 모르거나 혹은 알고도 다른 방편을 찾을 몸과 마음의 여유나 에너지가 부족한 사람들이 많다. 뻔뻔함은 나이 많은 어르신들이나 절박한 상인들에게서 자주 관찰된다. 겸손이 미덕이 된 것처럼 뻔뻔함도 때에 따라 제대로 쓴다면 능력이 될 수 있을까?

사자성어 '철면피한(鐵面皮漢)'은 쇠로 만든 두꺼운 낯가죽을 뒤집어쓴 뻔뻔한 사람을 일컫는 말로, 구김살 없이 태연한 성질의 사람을 나타낸다. 주로 실수해도 당황하지 않고 자연스럽게 유유히 대처하는 사람들을 말한다.

사람은 누구나 실수할 수 있다. 적어도 자신이 '실수한 사실'을 아는 사람은 그런 행동이 '실수인지조차 모르는 사람'보다 덜 부끄럽다. 실수가 실수인지 모르는 무지야말로 두렵고 경계의 대상이 된다.

실수를 인지하는 순간, 반성을 통해 성장할 수 있는 동력을 갖게 된다. 당혹스럽고 감추고 싶은 실수라도 배움을 위해선 무조건 미워할 수 없다. 자신이 저지른 실수를 관대함으로 포용할 수 있는 배포는 겉으로 번지르르한 자신감과 기세로 비추어질 수 있다. 실수를 아는 나 자신을 부끄러워하기보다 뻔뻔하게 격려해 주기를…….

빅터 프랭클의 《죽음의 수용소에서》에는 한 남성이 등장한다.

그는 매일 아침 점호마다 머리에 물을 발라 빗고 눈을 부릅뜨며 생기 있어 보이기 위해 노력한다. 고된 노동과 열악한 환경 속에서 자고 일어나면 수용자들의 상태가 달라지기 때문이다. 그날 수용자들의 얼굴은 곧 가스실로 실려 가는 지표가 되었다. 감시자들도 사람인지라 그들 중 가장 힘없고 포기의 눈빛을 보내온 사람들을 골라 먼저 처형했다.

생과 사가 갈리는 고통스러운 아침 점호마다 뻔뻔함으로 자신의 가치를 증명해 낸 수용자는 결국 살아남아 책을 썼다. 상황에 따라 뻔뻔함도 때론 무기가 될 수 있다.

"네 주제에 분수를 알아야지."

한때 주말 드라마에 자주 등장하던 대사가 있다. 나의 입장에서 벗어나 타인의 관점에서 자신을 좀 냉정하게 바라보라는 표현이다. 완벽한 자기 객관화에도 부작용이 있다. "아닙니다" "괜찮습니다"란 말을 그림자처럼 달고 살아가는 사람들이 있다. '겸손함' 뒤에 자기 자신을 숨기는 사람이다. 자칫 지나치면 충분한 능력을 지닌 사람이라도 현실이란 한계를 긋고 가능성을 가두게 된다.

삶은 순응하고 체념한다고 끝이 아니다. 인생이란 거울 앞에서 스스로 초라해지지 않게 보이지 않는 곳에서도 수없이 자신을 북돋아야 한다. 삶은 자신이 세상과 벌이는 무수한 싸움의 역사이다. 승리한 날보다 실패한 기록들이 더 많을지 모른다.

양질 전화라는 말이 있다. 무수한 실패들이 쌓여 결국 양질의 도약을 보장한다. 마주하는 부끄러운 실수들 앞에서 뻔뻔함은 계속 도전해 나가는 연료가 되어 준다.

'뻔뻔하다'는 건, 마치 판촉행사장 앞의 바람 인형처럼 허구로 잔뜩 채워놓은 상태와 같다. 'OFF' 버튼을 누르면 들어왔던 바람이 빠지며 인형의 형태는 사라질 테지만 모터가 계속 도는 한 춤도 추고 사람들을 부르는 손짓을 한다. 비록 허울 가득한 몸짓이더라도 그 부지런한 움직임이 사람들의 사랑을 잔뜩 받아 바람 인형의 신기술이 세대를 거쳐 계속 진화하는 것이다.

삶은 기세이자, 의지다. 잘 살아내 보겠다는 자신감은 삶에 대한 자신의 약속이자 사랑이다. 자칫 '희망하는 미래의 모습'과 '현실' 간의 괴리감으로 그 시작은 미흡할지도 모른다. 그렇다고 아무것도 하지 않고 변화를 바란다면 그것이야말로 진정으로 피해야 할 뻔뻔함이다.

기운은 때론 한 사람을 북돋고 인생 전체를 일으킨다. 내면의 자아는 성장 가능성을 산출해 평가한 종목만을 투자하는 투자회사가 아니다. 당신이란 미래에 안전과 안녕을 신뢰하고 약속하는 일종의 보험회사이다. 적절한 바람이 불어와 일으킨 파도가 때마침 당신을 향해 달려오고 있으니 지금 당장 가슴을 펴도 좋다. 이제 'ON' 버튼을 누르고 몸속 구석구석에 자신감이란 바람을 채워 움직여야 할 시간이다.

chapter 3

♦ ♦ ♦

구석을 좋아하는 마음 _
구석이 주는 심리적 위안

    나의 어린 시절은 보물찾기하듯 구멍가게를 들락거리던 낭만이 있었다. 알사탕 같은 구슬을 한 묶음 사서 돌아오는 날이면 주머니 속 짤랑거림이 좋아 더 오래 거닐었다. 그 후 어른이 되고 구멍가게를 떠올리던 날이면 자주 찾던 장소가 있었다. 조그만 길모퉁이 '골목집'이다. 간판 하나 제대로 없어 동네 사람들만 아는 허름한 선술집이다. 정해진 메뉴는 몇 안 되나 주인은 그때마다 나는 제철 음식을 밑반찬으로 곁들였다. 그 조그맣고 아담한 공간에 숨어 야채 곱창에 어묵 한 그릇을 호호 불어먹는다.

    오가며 서로를 익히 알고 있으나 은은한 미소를 건넬 뿐 불쑥 선을 넘어오지 않는 주인은 손님의 얼굴에서 하루를 읽고 고민해서 안주를 내민다. 살아있는 가수들의 노래는 명곡으로 인정하지 않는 선곡 센스 덕분에 빛바랜 사랑 이야기와 추억 가득한 목소리들을 만날 수 있다.

비가 오는 날이면 양철지붕 위로 떨어지는 빗소리가 귓가를 때리고 파전의 기름진 냄새가 파도처럼 넘어오던 골목 끝집, 동네를 떠나오기 전 그 조그만 술집 구석에 앉아서 보냈던 모든 순간은 위안이었다.

구석이 사람에게 내어주는 평온함은 무엇일까? 구석이란 잘 드러나지 않아 치우친 곳을 말한다. 또 사람의 마음이나 사물 혹은 공간에서 또렷하게 도드라지지 않는 부분을 지칭한다.

눈을 감고 구석을 떠올리면 단단한 벽이 가로와 세로로 만나 비스듬히 높이를 이루는 삼각뿔이 떠오른다. 그 안전지대 속에서 날숨에 불안과 걱정을 내뱉고, 들숨에 안도를 마신다.

다소 폐쇄적인 공간성 때문에 여름의 구석은 대체로 시원하고 겨울의 구석은 훈훈하다. 서운하거나 아픈 날, 구석은 몸을 모로 뉘어 꼼짝하지 않고 싶은 안전한 공간이 되어준다.

구석은 사람들의 말속에서도 발견할 수 있다. 미래를 알수 없는 상황 속에서 사람의 마음을 당당하게 만드는 요인을 두고 '믿는 구석'이 있다고 한다. 실제로 작용할지 안 할지 모르지만 마치 보험을 들어둔 듯 마음의 평화를 가져다준다.

반면 '집구석'이나 '촌구석'처럼 무언가를 천하게 낮춰 부르는 말도 있다. 낮춰 부른다는 건 부정적 의미가 되기도 하지만 때론 애써 격식을 갖춰 꾸미지 않은 편안함이 되기도 한다. 집이야말로 구석의 성지라고 할 수 있다. 사람들은 대지 위에 벽을 세우고 용도 별로 구석구석 이름을 붙여 방을 만든다. 그 안에서 책상 아래와 소파 옆, 장롱 밑 등 수많은 방구석이 탄생한다.

누구에게나 '홀로여도 좋을 안전한 구석'이 있다. 그런 구석을 집 안에 둔 사람이 있는가 하면 밖에 둔 사람도 있다. 또한 구석은 사람 마음속에도 있고 관심 밖에도 존재한다.

중요한 건 구석에서 보내는 혼자만의 시간이다. 구석은 온전한 자유를 제공한다. 그곳에선 긴장감을 느슨하게 풀 수 있다. 본연의 나로 돌아가 호기심을 갖고 좋아하는 일을 찾아가는 과정을 제공한다. 빠르게 성장해 오느라 얼기설기 얽히며 빈 부분을 채워나가는 일이기도 하다.

실수로 잃어버렸거나 잊고 살았던 물건들을 구석에서 선물처럼 찾곤 한다. 가구를 이동하며 어둡고 음침하며 먼지가 수북이 쌓인 구석이 드러나기도 한다. 요즘은 점차 구석이 밝고 깨끗해지고 있다. 발달한 기술만큼 위생 수준 또한 까다로워졌다. 항공기 모터를 탑재한 청소기와 살균 용품들은 그 어느 때보다 청결한 실내 공간을 제시한다. 하지만 바깥 환경은 산업 발달에 따른 오염으로 더욱 열악해지고 있다. 실내와 실외의 환경 격차가 그 어느 때보다 극과 극을 향해 가고 있다.

기술 발달은 또한 사람들의 밝기에 대한 기대치도 높여준다. 매번 새로 등장하는 LED 전등과 조명은 점차 조도를 높여 밤을 낮처럼 환하게 비춰준다. 이처럼 고도로 발전된 사회 속에서 편리하게 살아가는 사람들에게 불안이 줄어들지 않는 이유는 무엇일까, 우리의 정서 상태는 과거와 비교해서 진보해 나가고 있을까?

불야성의 도시에서 점차 잠 못 드는 사람들이 늘어가고 있다. 사람들에게 곁을 내어주던 구석은 이제 스마트폰을 마주한다. 내면의 자아가 주체적으로 사고하던 동굴 속에서 온전히 혼자가 되는 일은 더 어려워졌다. 구석은 구석다워야 구석이다. 함께 건강한 연대를 지속하려면 숙고하기 위한 자발적 고독이 필요하다. 성숙한 자아 형성은 혼자만의 시간을 어떻게 보내는가에 달려있다.

겨우내 잘 익은 김장 김치가 독 안에서 숙성의 과정을 거친다. 땅속에서 보낸 그 묵묵한 시간 동안 스스로 발효되어 톡 쏘며 아삭하고 시원한 맛을 낸다. 무엇과도 바꿀 수 없는 귀한 사계절 보양식이 된다.

잠시 세상 속 평판과 자존심을 내려놓고 자기만의 구석을 찾아보는 건 어떨까? 나이를 먹을수록 점차 함께 있을 때 정적이 자연스러운 사람이 좋다. 나를 대면하는 혼자만의 시간에도 뭘 더 할지보다 '없어도 괜찮은 상태'가 자연스러운 사람이 되기를 원한다. 그곳에서 보물찾기하듯 정적을 즐길 줄 아는 어른이 되어가고 싶다.

나이만큼 아픈 마음_
나이 든다는 것

바다를 가로지르는 데크길 위로 갈매기가 날아든다. 그 옆에 허리가 휘어 아담한 체구의 백발노인들이 담소를 나눈다. 봄의 설렘을 잠바 위의 꽃무늬로 밀어 올린 그녀들의 수다는 재잘재잘 정겹게 흐른다.

"아이고 여행도 몸이 멀쩡해야 다니겠어요. 자식들이 집에만 있지 말고 놀러 다니라고 못살게 굴어서 나왔더니만 좋긴 좋네유."

"아주머니는 어디가 아프세요?"

흰머리를 곱게 틀어 올린 노인이 조심스레 묻는다.

"허리요, 허리. 작년부터 허리 통증 때문에 죽겠다는 소리가 절로 나옵니다."

"⋯⋯우리 나이 먹고 허리가 성하면 그게 어디 정상인가요? 나는 이제 아픈 데를 말하라고 하면 지겨워서 입을 다물어요."

그녀는 파도가 하얀 포말을 이루다 사라진 자리를 바라보다가 앙다문 입술을 다시 연다.

"나이만큼 아파요. 딱 더도 말고 덜도 말고 나이만큼 아픈 거예요."

인간의 기대수명은 80세로 최근 100년 사이에 두 배가 되었다. 그동안 우리가 간과한 것이 하나 있다. 남은 생을 지금처럼 건강하게 살아간다면 축복이겠지만 그렇지 않다면 한 살 더 먹을수록 새로운 질병과 만나 공존하게 된다. 일곱 알이던 알약이 열 알이 되고 보조기구에 도움을 받아 거동하던 일상이 침대 위에 눕혀지게 될 날들도 누구에게나 찾아올 수 있다. 단순히 오래 사는 것이 아니라 건강한 상태를 오래도록 유지하는 일이 중요하다.

젊음이 주는 환상은 자신의 건강을 지나치게 자신한다는 것이다. 어느 날, 자고 일어났더니 베개에 눌린 입가의 자국이 주름살로 박혀 고지식한 인상을 풍기게 되는 노인의 일상을 상상해 본 적 있는가? 인생을 등산에 비유하면 청년기는 등반하는 여정의 길이다. 매일 충실하게 산 정상을 향해 올라가고 있다고 생각하던 길이 노년이 되어 실은 내리막으로 향하고 있다는 걸 알게 되었을 때만큼 맥 빠지는 일은 없을 것이다. 끝까지 부상 없이 아름답게 하산하기 위해서는 어떻게 해야 할 것인가?

한 사람의 인생이 고지로 향하는 산행길이라면 단출할수록 좋다. 맥시멈 한 인생을 불평하자는 게 아니라 몸을 제대로 쓰기 위해선 군더더기를 덜어내야 한다. 산행에 좋은 고어텍스나 기능화를 신는 일보다 먼저 몸의 가동 범위와 움직임을 제대로 파악하고 익혀야 한다.

살아가는 데 필요한 의식주 중에서 식, 먹는 것 또한 운동 못지않게 중요하다. 섭식은 단순히 생활하는 데 필요한 에너지를 먹어 치우는 행위가 아니다. 우리 문화에서는 어떤 음식을 먹는지에 따라 길흉화복이 결정된다고 여겨졌다. 복이나 운을 담는다는 둥그런 만두를 들고 호호 불어먹던 어린 시절을 누구나 떠올릴 수 있을 것이다. 지금, 이 순간 나는 충분히 잘 섭취하고 있을까?

미식이 관능이 된 시대, 가짜 식욕이 넘쳐난다. 입이 심심해서 음식을 찾던 날의 나를 떠올려도 좋다. 값싸고 빠르게 먹을 수 있는 음식은 마치 '둘리가 고길동 아저씨 몰래 쫄깃한 찐빵을 다 먹고 만들어 놓은 비눗방울 찐빵'처럼 먹어도 배가 부르지 않다. 허한 감정을 얼룩처럼 남긴다.

따분함과 외로움을 식욕으로 가장해 탐욕스럽게 삼켰던 날들은 체중계의 숫자를 누르고 자존감도 누르게 한다. 몸이 무거워지면 사람은 자꾸만 멈춰있으려 한다. 삶의 기동성이 떨어지게 된다. 무거운 갑옷을 입은 몸으론 자기 자신과 사랑하는 사람 또한 지켜내기 어려울 것이다. 구미를 당기는 음식들이 주는 욕구의 수레바퀴를 늦춰야 할 필요가 있다.

인생이란 습관의 반복이다. 건강을 위해서 좋은 무언가(+)를 더하기에 앞서 도움 되지 않는 무언가(-)를 덜어내야 한다. 행동은 타이밍과 맥락 속에서 함께 이해되어야 한다.

식욕을 재구성하자. 나는 주로 언제 냉장고 문을 여는지 배고픔의 청사진을 그려보자. 그럴 때 주로 어떤 음식으로 섭취하는지 사진을 찍고 기록으로 남겨본다. 꾸준히 모인 사진 속 음식들이 마음의 위로가 되는지, 몸에 약이 되는 성분인지 살펴볼 수 있다. 누구나 갖고 태어난 밥그릇을 생각 없이 채우다 보면 생명줄을 당길 수 있다.

음식에 관한 단순하고 어렵지 않은 의지 하나가 더 필요하다. 정해진 식사량을 넘어서지 않으려는 단호하고 절제하는 마음이다.

'절제'라 하면 강아지를 훈련하는 사람의 길고 곧은 검지 손가락이 떠오른다. 사실 우리는 누구나 마음속에 검고 시커 먼 개 한 마리를 키운다. 음식 앞에서 침을 흘리며 허겁지겁 먹는 개를 모른 척하기엔 덩치와 존재감이 커져 버렸다. 종소리를 듣고 침을 흘리는 개를 무시하기 위해 눈을 감고 코의 자극으로 전해오는 냄새에 집중해 보자. 천천히 음식을 씹으며 저작운동 소리를 듣는다. 입안에 굴려지는 밥알의 쫄깃한 식감을 음미하며 씹어도 보고, 혀로 뭉개어도 본다.

포만감이 넘치는 식사보다 약간 부족하게 식사해도 충분히 괜찮다는 '집착 없는 마음'은 자기 효능감을 끌어올린다. 밥상에 값비싼 산해진미가 없더라도 입맛을 돋게 하는 제철 재료를 더해 기운을 살릴 수 있다.

자연이 주는 색감과 질감, 씹을 때 터져 나오는 향기와 은근한 잔향이 감각을 자극한다. 소박한 식사의 즐거움을 자주 경험하면 능동적으로 인생을 만들어 가고 있다는 자신의 인정과 신뢰가 쌓여간다.

건강하게 나이 들기 위해 몸을 부지런히 움직이는 것 못지 않게 건강한 연대와 지지가 중요하다. '효율성'이라는 근사한 공식이 미처 작동하지 않는 곳도 있다. 사람과 사람 사이의 일이다. 인간관계에선 조금 밑지더라도 기다리는 인내심과 넓은 아량이 사람을 얻는다.

'편리함' 역시 작동하지 않는 공간이 있다. 사람 안에서 일어나는 일들이 그렇다. 생각하는 대로만 살다 보면 편리함속에 마취될 수 있다. 계단을 오르는 일처럼 조금 불편해도건강을 마주할 줄 아는 용기가 필요하다.

나뭇잎이 파르르 떨며 전율하는 지금 계절이 우리를 밖으로 부른다. 하늘을 올려다보고 걷다 보면 발끝에 땅의 기운이 차오른다. 가판대 위에 오른 채소의 둥그렇고 매끄러운 표면을 쓰다듬다 가방이 부풀 만큼 차면 집으로 돌아와서 샤워한다. 묵직한 나무 도마 위에 썬 채소의 비정형 절단면에서 생명력이 요동치고 있음을 감각으로 알아간다.

옷깃을 붙잡는 과거와 걱정으로 도배하는 미래를 비우고지금 이대로 괜찮은 삶을 사는 것, 그것은 오래도록 기다란흰 침대에 누워 살게 될 미래의 자신에게 보내는 지금의 헌신일 것이다. 나중에 나이가 들어 나이만큼 아픈 사람이 될

것인가, 아니면 나이만큼 삶을 감각할 수 있는 사람이 될 것
인가?

 기어가 여럿 달린 산악자전거를 타고 내려가는 노인을 상
상해 본다. 지금까지의 등산이 한눈팔지 않고 남 꽁무니를
쫓기 바빴다면 하산하는 길은 자기 자신이 자유롭게 인도하
는 길을 따르기를. 그 와중에 우연히 꽃도 발견하고 바람을
맞으며 중력과 하나 되어 달리는 기쁨을 만끽하기를 기원해
본다.
 기어를 뒤로 당겼다가 앞으로 쥐고 삶의 질곡을 지각해 가
며 능숙하게 길을 내며 가는 노인이 되기를 소망한다.

오솔길을 내는 마음 _
보행 예찬

다비드 르 브르통은《걷기 예찬》에서 보행을 넓은 도서관으로 표현한다. 문장가들의 글에서 산책은 마치 필수교본처럼 묘사되곤 한다. 책을 읽어 나가듯 풍경 구절구절을 읽어가는 보행의 목적지는 아마 자기 자신에게 닿아 있을 것이다. 보행은 자신만의 방향과 속도로 발을 딛는 그곳이 어디든 충만함을 얻고 돌아올 거라는, 엔딩이 보장된다. 보행은 간편하고 빠르게 취할 수 있는 행복 중의 하나다.

보행하는 동안 구름의 움직임, 바람의 밀도, 숲속 깊은 곳에서 밀려오는 향기, 걸을 때 옷깃을 스치는 바스락 소리, 콧속에 들이켜는 바람의 냉기, 발이 땅을 미는 종아리의 당김,

눈살을 찌푸리게 만드는 일조량, 이름 모를 수풀 사이에서 피워낸 붉은 열매의 흔들림……. 이 모든 것들이 조용한 몸짓으로 말을 건네 온다. 오랜 걸음 끝에 두 다리에 전기가 저릿저릿 흐른다. 풍경들이 내뿜는 계절감에 취해 정신없이 걷다 보면 코끝이 맵다.

걷다 보면 다사다난했던 마음들이 젖은 티셔츠의 마른 물자국처럼 소멸한다. 땀과 함께 흘러나온 울화와 불안이 증발하면 새로운 기분이 차오른다. 보행을 마치고 돌아오는 길은 같은 세상에 새로운 공식이 더해져 다르게 읽힌다. 오랜 시간 긴 거리를 돌아온 만큼 자신에게 거리를 두고 객관적으로 들여다보게 된다. 얼룩진 안경알의 얼룩을 닦아내듯 보행은 마음속에서 묵묵한 그 일을 하게 한다.

삶에서 주어지는 것들이 당연하게 느껴지는 무감각의 순간이 오면 힘을 다해 걸을 시간이다. 뜨거운 발바닥은 얼얼하고 식은땀이 날아가며 자만과 이기심이 빠져나간다. 순한 사슴 눈망울을 하곤 먼 산 위의 초록을 가슴에 새기고 들어오는 하루가 가고 해넘이가 시작된다. 굽었던 척추뼈 사이로 근육이 차올라 허리를 쫙 펴고 걷는 순간 '자기 확신'에서 퍼올린 미소가 새겨진다. 감각을 경험해 보는 행동은 부지런히 움직여야만 얻을 수 있다. 나를 즐겁게 만드는 행동을 잘 알고 얼마나 자주 행하며 살아왔던가.

인간의 손이 점차 도구를 정교하게 다루기 위해 진화했다면 발은 있는 그대로 부지런하고 정직한 걸음을 간직했으면 좋겠다. 쉽게 의존하지 않고 성실하게 걷는 걸음을 통해 자기 몸의 리듬과 균형감이 새겨진다. 내딛는 한 걸음은 곧 또 다른 걸음으로 이어진다. 울퉁불퉁하고, 예측하지 못한 길을 만나 헤매기도 하지만 돌아가는 작은 모험을 즐길 줄 아는 사람이 되어보는 건 어떨까?

저항을 내딛고 나아가는 힘의 크기가 곧 자신이 지닌 힘의 크기이다. 직접 두 발로 걸어본 곳까지가 내가 가진 경험의 영역이다. 걷기는 삶과 닮아있다. 걷기의 목적은 도착이 아니라 나아가는 과정이다. 길이 없던 숲을 자주 거닐다 보면 작은 오솔길이 나기도 한다. 보이지 않는 지름길이 실은 지금 서 있는 땅 위에서 시작될지도 모른다. 오래도록 고요히 걸으며 자신만의 길을 내는 사람이 되어보면 어떨까?

동심원을 그리는 마음 _
내 몸 긍정

묵직한 눈꺼풀을 밀어 올리면 하루가 시작된다. 잠시 눈을 감고 나른하고 달콤했던 잠의 아쉬움을 달래 본다. 이내 달팽이처럼 부드럽게 몸을 말고 잠을 청하던, 사랑하는 이의 숨 냄새를 맡는다. 퀴퀴하지만 묘하게 단내가 나서 숨을 참고 맡다가 피식 웃는다. 아침 웃음 스트레칭은 얼굴 위의 모든 선을 둥그렇게 기울인다.

침대 위에 껌처럼 달라붙은 몸을 살살 달래어 일으켜 본다. 땅을 짚고 등을 세운 다음 얼굴을 쓰다듬는다. 더듬더듬. 밤사이 눈과 코, 입은 제대로 붙어 있는지, 만져도 보고 조그만 눈곱을 주먹으로 동그랗게 굴려 떼어낸다.

커튼을 젖히자 따스한 온기가 바닥을 달군다. 찡그린 눈꺼풀 사이로 해님이 아침 인사를 전해온다. 커다란 유리창을 열자 차갑고 바삭한 공기가 콧속을 간지럽힌다. 저 멀리 어디선가 깊숙이 품고 있던 숲속의 흙냄새가 날아든다. 뒤늦게 도착한 아카시아 향기는 은은하게 정신을 깨워준다.

방금 막 토스터기 위로 튀어 오른 바삭한 빵 위에 무화과 잼을 바른다. 서걱서걱 잼 나이프의 비질하는 소리가 빵 표면을 울릴수록 고소한 버터 향이 진동한다. 원두를 그라인더에 넣고 돌리다가 무언가 까먹기라도 한 듯 허둥지둥한다.

몸으로 원을 그려보는 아침 의식이다. 주먹을 쥐고 손목을 돌리다가 그대로 손바닥으로 어깨를 짚고 팔꿈치로 커다란 원을 그린다. 눈을 감고 목 위에서 머리를 굴리다가 손을 허리춤에 얹고 이번엔 허리를 돌려본다. 두 무릎을 모아 쪼그려 돌리다가 발목을 세워 돌리며 조그만 원을 만든다. 몸 구석구석에서 그려진 원들이 제각각의 원주율로 동그라미를 만들면 헛바람이 빠지듯 몸이 가벼워진다.

바삭하면서 쫄깃한 빵을 씹다가 커피를 호호 불어 넘기면 입안의 빵이 솜사탕처럼 녹는다. 물렁물렁하게 사르르 녹는 순간, 마음이 말랑해진다. 봄 햇살 아래 얼음이 녹고 웃음 앞에 긴장감이 녹고 마음의 문을 여는 행위는 매일 아침 계속된다.

긴 꿈속에서 얼었다 녹는 시간, 창문을 밀고 들어오는 아침의 태양이 식물들을 더욱 진하고 반들반들하게 깨우는 그런 아침을 사랑한다. 매일 아침 똑같은 얼굴을 하고 침대에서 눈을 뜨는 것 같지만 우리가 마주하는 아침은 전부 다르다. '해야만 하는 일'과 '하기 싫은 일'이 반복되는 아침일지라도 몸을 일으켜야 할 사정은 다 다르다. 생을 출범한 이래 단 하루도 같은 날이 없었다. 불확실성에서 오는 불안을 은근한 기대감과 설렘으로 변주시키는 것 또한 아침 의식이다.

오늘 하루는 아침이란 작은 틈바구니에서 샘솟는다. 내게서 흘러나온 생각과 행동들은 시간을 되돌아 나의 인생이 된다. 힘없이 뛰는 맥박처럼 여린 아침의 기운이 실은 참 대단하다.

매일 아침 새로 마주한 나에게 말을 건넨다.

"나는 힘을 빼고 언제든 자유롭게 흔들릴 준비가 되어 있다. 나는 티 나지 않지만 멀리 돌아가는 성장을 즐긴다. 나는 두려움을 모른다. 모든 경험으로부터 배울 수 있는 사람이다. 비가 되어 땅을 씻겨준 물을 바다가 받아내듯 나는 나의 선택을 받아 낼 준비가 되어 있다. 조금은 엉뚱한 실수를 할지라도 나는 나를 신뢰할 줄 아는 꽤 괜찮은 사람이다. 나에겐 모든 하루가 마주하는 좋은 삶이 보여주는 사랑의 증거들로 넘쳐난다. 매일 시작되는 아침을 용기로 맞설 줄 아는 나는 사랑받는 사람이다. 내가 정한 인생은 은근한 즐거움으로 풍요로울 것이다."

나에게는 기쁨을 발견할 수 있는 정신뿐만 아니라 건강한 몸이 있다. 삶의 치열한 흔적들이 지도처럼 남은 손은 단단하게 영글어있다. 한때 나를 씻겨 주던 사랑하는 이의 손을 똑 닮아 자랑스럽다. 웃을 때 둥그렇게 휘어지는 입과 눈가의 주름은 나의 성품을 은근히 드러낸다. 골반을 부드럽게 감싸안은 살은 무언가에 골똘히 빠져 집중하던 날의 흔적이다. 종아리를 볼록하게 채운 근육은 땅을 밀어내던 의지의 상징이고 굳은살이 생긴 발은 반복과 인내의 임명장이다.

통증은 뜨거운 열정이 타고 남은 재이므로 열심히 살았던 만큼 더 아픈 법이다. '나'라는 개성과 주체성을 갖게 해 준 몸에 감사하다. 나는 이제껏 함께해 온 나의 몸을 누구보다 긍정한다. 무르고 터지고 주저앉는 몸을 매일 아침 새로 일으키는 일은 기적과도 같다. 하루하루 몸에는 죽음의 선고일이 당겨지고 있다. 긴긴밤 죽음의 그림자는 아침을 맞이하며 물러간다.

　사고하고 행동하며 배움을 멈출 줄 모르는 삶은 생채기를 뜯고 나온 하얗고 보드라운 새살, 즉 아침으로부터 시작된다. 아침을 사랑하는 일은 나를 보살피는 손길이자 약속이다.

　매일 아침 눈을 뜨는 일이 고통인지 기쁨인지 가만히 들여다본다. 산발이 된 더벅머리와 퉁퉁 부은 얼굴로 거울을 통해 인사하게 될 아침이 앞으로 며칠 더 남았을까? 그 모든 순간을 기쁨과 충만함으로 온전히 맞이할 준비를 마친다.

chapter 4

◆ ◆ ◆ ◆

사랑을
시작하는
마음

이름 불러주는 마음 _
감정의 종류

   호기심은 가장 먼 곳까지 달려 나간다. 그곳이 보이지 않는 달의 뒷면이라도 아무 문제없다.

   즐거움은 침대 위에서 개구리 점프를 하다가 엄마에게 자주 꾸중을 듣곤 한다.

   감사함은 온 세상에서 가장 포근한 털실로 장갑을 뜬다.

   두려움은 어두컴컴한 동굴 안에서 흔들리는 눈빛으로 세상을 바라본다.

   상상력은 꽉 막힌 도로 위를 벗어나 미지의 세계로 출발할 준비를 마쳤다.

   평온함은 새와 바람 빼곤 아무도 오지 않는 정원에서 휴식을 즐긴다.

질투는 아름다운 꽃을 똑똑 따서 짓밟아 버리고 집으로 돌아간다.

열등감은 강철로 된 자물쇠로 신발을 꽁꽁 잠가 둔다. 열쇠가 주머니 안에 있다는 것을 모른 채 고된 걸음을 걷는다.

자유는 새의 날갯짓으로 바다를 유영한다.

반가움은 어여쁜 미소로 서로를 비추는 거울이다.

연민은 도로 위에 지렁이가 다치지 않게 나뭇잎으로 옮겨 준다.

수치심은 곧잘 벌레가 옷 안을 기어다니듯 짜증 나고 불편해한다.

자존심은 얼음으로 만든 왕관을 쓰고 무도회에 오른다.

용기는 몰려오는 태풍 앞에서 어떻게 날아갈지 몰라도 표표히 종이비행기를 날린다.

행복은 감기처럼 사랑하는 이에게 자꾸만 전염시킨다.

참을성이 반죽하면 찰지고 풍미 있는 빵을 구울 수 있다.

슬픔은 침대 위에서 누운 채로 엘리베이터를 타고 한없이 바닥으로 내려간다.

신뢰는 흐르는 물처럼 강과 바다로 넓게 퍼져나가게 한다.

불안은 여러 개의 물잔을 한꺼번에 들고 나르는 서빙을 한다.

향수는 후각 버튼으로 추억을 일으키는 마법을 부린다.

친절은 부메랑처럼 날려 보낸 것을 결국 되돌려받는다.

기쁨은 솜사탕을 입에 넣고 달리기를 좋아한다.

분노는 거친 심장 소리가 경주마처럼 크고 날카롭다.

공포는 어둠 속에서 숨소리를 잘 숨긴다.

만족은 하루 종일 걸려 갓구운 마들렌을 한 입 베어 문다.

그리움은 오랜만에 궁금한 친구의 안부를 자꾸만 뒤져보
느라 마음이 바쁘다.

희망은 '내일 아침 하루 더 눈을 뜨게 해주세요'라고 매일
기도하고 잠을 청한다.

외로움은 바람의 광장에서 울려 퍼지는 종소리를 들으며
자신의 마음속에서 빈틈을 발견한다.

미움은 가위를 들고 뭐든 싹둑 자르는 걸 좋아한다.

우정은 옆에서 말없이 손을 잡고 함께 울어준다.

사랑은 응달에 기어든 한 줄기 덩굴식물처럼 서로를 감싸
고 더 넓은 곳으로 자라난다.

절망은 지느러미가 갈라진 채로 헤엄칠 수밖에 없는 물고
기 같다.

위로는 건조하고 서늘한 겨울 아침 따뜻한 차 한잔을 건네
는 걸 좋아한다.

놀랍게도 이 모든 감정은 한 사람 안에 살고 있다. 더 놀라

운 건 평범한 우리 모두의 이야기라는 사실이다. 감정은 어떻게 쓰느냐에 따라 화약고가 되거나 무기고가 될 수 있다. 당신은 혼자여도 퍽 괜찮은 사람이지만, 내내 혼자가 되고 싶지 않은 사람일지도 모른다. 함께 살아가기 위해 스스로 이해할 수 없는 감정의 영역을 어떻게 해석하고 바라보고 마주해야 하는가? 감정을 포착하고 이름 붙여주는 행위와 속단하지 않고 바라봐주며 수용하는 용기, 감정을 이해하려는 노력 속에서 마음은 건강함을 키워간다.

chapter 4
◆ ◆ ◆ ◆

형체가 없는 마음 _
행동은 기분을 만드는 변수

"아이~ 십팔."

상대방 운전자가 창문을 내리고 소리쳤다. 함성이 주차장 안을 쩌렁쩌렁하게 울렸다. 시곗바늘이 오전 7시를 가리켰다. 하루의 기운을 담는다는 이른 아침에 처음 들은 말이 '십팔'이라니 귀를 의심했다. 상대의 흐트러진 머리칼과 덥수룩한 수염 자국으로 보아 그는 십팔 세가 아닌 삽십팔세로 보였다. 범퍼가 먼저 들어간 차량을 무사히 후진 주차하고도 나는 차에서 내릴 수 없었다. 주차 자리를 놓쳐 아쉬운 그의 분노가 극에 달했다. 주차된 차량을 자신의 차로 가로막고 욕설을 토해내기 시작했다. 그의 말에 따르면 먼저 차를 넣는 사람이 임자였다. 그러나 그는 실패했고 격분했다.

십 분 전 주차되어 있던 차 주인이 나타나 짐을 싣고 네비게이션을 찍는 동안 나는 앞서 조용히 비상깜빡이를 켜고 순서를 기다렸다. 차가 떠나고 주차하려는 순간 혜성처럼 나타난 운전자가 나란히 연인처럼 범퍼를 밀어 넣었다. 끼어들기 주차에 실패한 그가 막무가내 시위를 시작한 것이다. 막 전화기를 들고 경찰서 번호를 누르려는 순간 뒤에서 밀려드는 다른 차들의 클랙슨 소리에 삼십팔 세 소년은 드디어 자리를 비웠다. 십 년 동안 막힌 체증이 내리듯 시원함이 몰려왔다. 골치 아픈 일이 해결되었다는 기쁨도 잠시 그가 쏟아낸 토사물을 받아낸 나의 두 손은 벌벌 떨리고 있었다.

사회 통념상 올바른 절차와 순서를 지키고 욕을 먹는다는 건 굉장히 기이한 기분이 든다. 관자놀이가 뜨거워지던 그때의 기분을 딱히 설명할 수 없었다. 당혹스러움과 공포가 섞여 몸 곳곳에서 전기 신호를 흘려왔을 뿐이다. 기분이란 참 모호하다. 욕을 뱉은 운전자 또한 자기 의사를 거절당했다는 모욕감이 들었을 것이다. 분노와 함께 비벼진 형용할 수 없는 감정들은 결국 익숙한 방식인 욕으로 전해졌으리라. 감정은 잘 조련된 종마처럼 주인에게 익숙한 패턴으로 작용하는 법이다. 감사 일기를 쓰고 난 후부터 행복감을 더 자주 느끼게 되는 원리도 이와 비슷하다.

기분은 바깥에서 오는 작은 다툼이나 언쟁에 영향을 받는다. 살면서 그런 사건을 마주하는 날은 많지 않다. 사실 감정은 사람 안에서 더 자주 변한다. 하늘을 좌지우지하는 날씨처럼 변덕스럽다. 그날 저녁 스펀지에 허브 비누를 문질러 따뜻한 물로 샤워하고 나오자 싸움으로 인한 긴장감이 녹아내리는 걸 느낄 수 있었다. 당황하고 수치스러웠던 감정들을 두 발에 담아 달리고 또 달려서인지 채소를 뭉근히 끓여낸 카레에 밥을 쓱쓱 비벼 한 그릇을 비웠다. 뱃속에서 따뜻함이 온몸 곳곳으로 퍼져나가며 긴장과 피로를 누그러뜨렸다.

긴장감이 풀리자 잠시 나른함이 몰려왔다. 정신활동의 일부인 기분은 몸의 생리적 경험들에 영향을 받는다. 가끔 우울할 때 떡볶이나 달콤한 초콜릿이 당기는 것도 마찬가지이다.

기분은 형체가 없다. 온도가 제각각인 액체처럼 담기는 용기에 따라 모양이 달라진다. 그런 변화무쌍한 기분을 순식간에 바꿀 수는 없어도 알아차릴 수는 있다. 아무런 의도가 없는 행동들에도 실은 기분이 영향을 미친다. 퇴근 후에 무심코 따는 맥주캔에는 위로가, SNS 스크롤을 내리던 손가락에는 외로움이, 머리를 긁적이던 순간에는 당혹감이 숨겨져 있다.

살면서 쉴 새 없이 바뀌는 기분을 알아차리고 수용해 주었던 순간들이 얼마나 있었는지, 스스로에게 묻는다. 인생은 기분의 연속이며 꼭 녀석과의 한바탕 숨바꼭질 같다.

기술 발달과 경쟁 사회 속에서 개인들의 기분은 종종 외면 당해 왔다. 진정한 어른이라면 감정을 알약처럼 꼴깍 삼킬 줄 알아야 한다고 여겨졌다. 팽팽하게 경직된 사회적 분위기는 분노가 억압된 시대로 이끌었다.

자고 일어나면 자극적인 사건들을 알리는 뉴스는 두 눈을 의심하게 만든다. 실은 감정이란 진화의 산물이다. 피해야 할 공포나 두려움은 선조들로부터 대물림되어 온 '살고자 하는' 생리적 도피반응이다. 떠오르는 모든 기분을 편애하지 않고 정확히 알아차리려는 노력은 기분에 휘둘리지 않고 중심을 지킬 수 있게 한다. 또한 질 좋은 음식과 운동 그리고 적정한 수면도 건강한 기운을 불러온다. 기분을 결정할 수 있는 요인들은 꽤 가까운 곳에 있다.

아프리카 초원에선 육식동물보다 초식동물이 훨씬 오래 산다. 육식동물에게 쫓기는 일이 일상이 되어버린 초식동물 들에겐 긴장감을 이완할 수 있는 부교감 신경이 발달해있기 때문이다. 언제든 빨리 달릴 수 있는 건강한 신체와 풀을 뜯으며 한가롭게 이완하듯 사는 삶이 장수 비결 중 하나다.

자꾸만 바뀌는 환경 변화 속에서 쫓기듯 살아가는 현대인에게 초식동물 맞춤 기분이 필요한 지금이다. '내 마음이 지금 그랬구나.' 하루 중에도 여러 번 바뀌는 기분을 알아차리려는 마음이 그 첫 단추가 될 수 있다.

쉬어도 쉬지 못하는 마음 _
마인드풀니스

몸이 가라앉은 난파선처럼 무기력하고 몰려드는 생각의 파도를 멈출 수 없는 때가 있다. 삶이란 전쟁에서 무기고가 되어주는 내면의 선실에 물기를 말리고 먼지를 털어야 할 때이다. 하루 중 내가 떠올리는 모든 생각이 내가 아니다. 때론 현실보다 부풀려지기도 하고 부정적인 생각들에 매수된 잡념들이 부유한다. 나를 거쳐 흘러가는 조각난 생각 모음집에 불과하다.

어딘가 걸려 잘 흘러 나가지 못한 감정들을 치우는 일에는 품이 든다.

우리의 뇌에는 쉼이 필요하다. 때론 어린아이들의 순수한 즐거움과 호기심을 일깨우기 위한 단순함이 요구된다. '과잉 정보 양산'과 '성취에 도취한 삶'은 우리 뇌를 맥시멈으로 무장하게 한다. '과거에서 청구된 자책과 후회들'과 '미래에서 선지급된 걱정과 불안'이 더해져 몸집을 부풀린다. 과거는 이미 죽은 시간이다. 미래는 아직 태어나지 않았다. 현재에 존재하지 않는 시간을 생각하는 행위가 뇌를 더 괴롭게 하는 것이다.

뇌는 우리의 몸에서 체중의 20퍼센트에 지나지 않는다. 손바닥만 한 뇌가 감당해야 할 에너지의 총량은 늘 과부하를 가져온다.

가끔 이런 상상을 한다. 표면이 구불구불하고 젤리처럼 매끄러운 뇌를 꺼내어 때때로 시원한 녹찻물에 씻겨 주거나 푸른 바다가 넘실대는 섬으로 휴양을 보내준다면 좋겠다. 현실에선 그럴 수 없으니 할 수 있는 차선책은 멍때리기 정도다. 의도적으로 아무것도 하지 않는 노력으로 뇌에 휴식 시간을 주는 것이다. 우리가 넷플릭스를 들여다보고 팝콘을 씹으며 쉬는 동안에도 뇌는 여전히 바쁘게 일하고 있다.

멍때리기와 비슷한 개념으로 동양 불교에 기원을 둔 마인드풀니스가 최근 주목을 받고 있다.

마음 챙김 명상의 대가인 존 카밧진 교수는 명상을 순간순간 주위의 장에서 일어나는 생각이나 감정 및 감각을 있는 그대로 인정하고 수용하면서 판단을 더하지 않고 현재를 중심적으로 또렷하게 알아차리는 것으로 본다. 지금 그대로 존재하는 행위를 넘어 그 순간을 의식하는 것이다.

　근면 성실한 우리는 쉬는 시간조차 무언가를 배우고 성장하려고 노력한다. 새로운 단어를 암기하고 책을 읽고 일기를 쓰며 창의적인 생각들을 떠올린다. 뇌는 쉬는 시간에도 좀처럼 쉬지 못한다. 과열된 뇌에 쉼을 주기 위해선 '욕구'마저 내려놓고 지금에 집중하는 것이 필요하다. 뜨거워진 휴대전화에 에어플레인 모드나 방해금지 모드를 켜두는 것과 같다.

　때로는 뇌에 아무 성취나 배움이 없는 시간도 필요하다. 멍하니 하늘을 바라보거나 계절의 변화를 보는 일처럼 자칫 무용해 보이는 일도 쓸모가 있다. 먼지를 쓸어내고 쓸모를 다한 물건을 치우고 불필요한 지방과 독소를 빼고 허울뿐인 관계를 정리하는 '빼기의 일'은 사실 '더하기의 일'보다 어렵다. 마음의 욕망과 불안을 덜어내고 판단 없이 자신의 존재를 느끼는 일은 결코 쉬운 일이 아니다.

　나를 다 안다고 자부하는 일은 자칫 위험할 수 있다. 나를 내가 다 안다고 단정 짓는 순간 '내가 생각히는 나의 프레임' 속에 갇힐 수 있다. 밖에서 '남이 바라보는 나의 이미지'조차 전부 한 때의 허울에 불과하다. 나라는 사람은 주어진 시간과 환경 속에서 영원히 변화해 가는 존재이다. 그런 지금의 나를 놓치지 말자. 새롭게 변화해 나가는 나를 사랑할 준비를 하자.

마음의 곳간을 채우는 일 못지않게 좋은 영양분으로 몸을 채우는 일 역시 중요하다. 내가 먹은 음식이 곧 내가 된다. 지금 입속을 채운 재료의 식감과 촉감, 냄새에 집중하며 씹는 행위로도 간단히 식사 명상을 할 수 있다. 자연 속에서 천천히 걸으며 볼을 스치는 바람의 온기와 산에서 내려온 향기에 집중하는 걷기 명상도 좋다.

발에 전해지는 땅의 단단함과 경사 혹은 표면을 밟는 소리는 귀를 시원하게 울린다. 규칙적으로 반복되는 몸의 움직임 속에서 고유의 리듬감을 찾을 수 있다. 감각 경험은 자꾸만 멈춰있으려는 상처받은 마음을 자극해 움직이게 한다.

가끔 인류의 조상이 바다에 살던 거대한 고래는 아니었을까 상상한다. 고래들은 각자 바다 위를 홀로 떠다닌다. 우리가 먹고 마시고 노래하고 울던 순간 고래의 유전자를 간직한 시절의 깊은 한숨을 비로소 내뱉을 수 있다. 한숨이라는 건, 마치 바다에 살던 시절, 마신 물과 같아서 제대로 뱉어내지 못하면 답답할지도 모른다. 수면 위로 올라와 숨을 쉬는 일이 그 무엇보다 중요했던 고래처럼 호흡에 주의하며 감각해 깨어난 느낌을 되찾는 것, 그것은 잊고 살던 나를 보듬는 일이다.

우리 몸에는 전해질이란 물질이 있다. 물처럼 극성을 띤 용매에 녹아서 전기를 통하는 물질이다. 전해질은 몸 안에서 산성과 염기성의 균형을 유지하며 필요한 대사활동을 가능하게 해준다. 자칫 전해질이 부족하면 근육에 경련이 오거나 피로와 탈수 현상이 올 수 있다. 사람들의 마음에도 균형을 유지해 주는 전해질이 존재하지 않을까?

구성진 가락과 긴 호흡, 박장대소하며 공감의 따뜻함을 내뱉던 어느 순간을 지나 마음은 비로소 거대한 바닷속을 침잠할 준비를 시작한다.

개소리 탐지기를 켜는 마음_
감사 일기

 인생이라는 전쟁에서 강력한 신체와 지혜 말고도 나를 지킬 수 있는 무기는 무엇인가? 기쁨과 노여움, 슬픔과 즐거움, 사랑과 미움, 좌절과 질투는 하루 중 나의 하늘을 다채롭게 수놓는 감정의 불꽃들이다. 감정을 잘 관리하면 좋은 무기고가 될 수 있지만 무분별하게 뒤섞여 방치한다면 화약고가 될 수 있다. 사과를 깎는 도구로 쓰이던 칼날이 어느 날 주인을 벨 수 있는 양날의 검이 되는 것과 같다.

 우리의 뇌는 부정적인 감정에 민감하다. 실제의 위험보다 더 크게 부풀려 경고 사이렌을 울린다. 과거 선조들은 이러한 부정 편향 덕분에 죽음을 면하고 생존할 수 있게 되었다.

문제는 사냥과 전쟁이 어느 정도 막을 내린 이 시대에도 뇌는 부정적인 감정에 과잉 반응을 보인다는 것이다. 고도로 발전된 과학기술 사회에서 몸으로 하는 일은 점차 줄어가고 불안과 두려움에 압도된 사람들의 뇌는 억압된 채 도피하거나 무시하려 애를 써야 한다.

손가락에 새겨진 작고 귀여운 달팽이 지문이 사람마다 다르듯 각자 사고의 회로도 다르다. 누구나 마음에서 자주 쓰이는 사고패턴이 있다. 과거의 경험이나 환경 속에서 고착되어 온 마음 지도이다. 우리에게 주어진 사건을 오래 고민할 틈 없이 빠르고, 즉각 반응하기 위해 저장된 개인용 빅데이터인 셈이다. 이러한 것들이 모여 우리의 태도나 자세가 되어 삶의 관점을 바꾼다. 관점은 나아가게 하는 방향이 되어 준다.

미국의 캐런 레이비치 박사와 앤드류 샤테 박사는 《회복력의 7가지 기술》이란 책에서 회복력을 지닌 사람들의 정서적 7요소를 기술했다. 이들은 감정과 충동의 조절을 얼마나 잘하는 사람인지, 옳은 인과 관계 분석을 할 수 있는지, 현실에 뿌리내린 낙관주의를 지녔는지, 자기 효능감에 대한 확신이 있는지, 목표지향적이고 공감을 지닌 사람인지가 성공을

향해 무너지지 않는 심리적 자원을 지닌 자들의 비결이라고
본다.

여기서 '현실에 뿌리내린 낙관주의'란 항목이 꽤 흥미롭
다. 허공을 두둥실 떠도는 이상적인 낙관 대신 땅에 뿌리 내
린 현실주의에 기반한 낙관을 의미한다. 사람들 간의 예절과
상도덕으로 이루어진 이 세계는 멀리서 보면 천국이지만 작
은 지옥들로 구성되어 있다. 가까이 들여다보면 선한 사람들
에 가려 드러나지 않는 악이 함께 공존하는 곳이다. 그런 세
상에서 지나친 낙관을 갖는다는 건 '단단한 집이 없어 연약
한 살을 내보인 민달팽이로 살아가기'처럼 위험한 일이다.
그렇다고 해서 악이 혼재한 이 세상에서 갑옷을 여러 번
겹쳐 입어 그 무게에 움직이지도 못하는 병사가 될 것인가.
현실에 뿌리내린 낙관주의란 가볍고 탄력 있는 고성능 고어
텍스를 입은 것처럼 내면의 긍정적 유연함을 지닌 사람을 일
컫는다. 유아기적 환상에서 벗어나 세상의 냉정함을 적절히
아는 사람이다. 또한 내 안의 부조리와 역설적인 면모를 외
면하지 않고 제대로 마주할 수 있는 사람이다.

어니스트 헤밍웨이는 그의 작품에서 우리 마음속에 개소
리 탐지기를 만들어야 한다고 본다. 우리의 마음은 희망적인

말들로 노래하기도 하지만 때론 말도 안 되는 거친 소리로 짖어대기도 한다. 고도로 복잡한 내면에도 단순화가 필요한 이유이다. 개소리에는 무시가 약이 될 수 있다. 우리의 뇌가 진화의 과정에서 '부정적인 것을 더 확대해석하는 경향'을 지녔다면 매 순간 그에 반항해 보자.

좋은 삶의 키는 행복과 즐거움, 사랑과 배려, 인생의 의미와 성취, 인정과 공감에 있다. 단순하고 기본적인 가치 속에 있다. 진정한 가치는 내 안의 화를 멈추고 자신을 위해 샤워기를 틀거나 타인을 위해 문을 잡아주던 순간 속에도 있다. 우리의 내면이 그릇이라면 작고 아담할수록 행복은 더 자주 흘러넘칠 수 있다. 작고 사소한 즐거움은 자꾸 들여다볼수록 더 잘 보인다. 완벽함 속에서만 찾을 수 있는 건 아니다. 좋아하는 기후에 맞춰 산책하고 직접 끓인 따끈한 우동을 후후 불어 마시는 등의 행위 속에도 있다. 배움이나 성장 혹은 보상 없이도 우리에겐 향유할 수 있는 순간들이 있다. 흐르는 순간을 감각하고 향유하는 동안 자기 자신을 시간의 주인으로 되돌릴 수 있다.

감사함 속에서 행복은 배가 된다. 감사하는 마음은 막힌 벽에 창문 하나를 더 내는 일이다. 새로운 고도와 방향으로 세상을 바라보게 하는 일은 행복을 손쉽게 찾을 수 있게 한다. 지혜와 지식의 차이는 그것을 활용할 수 있는지로 판단한다고 한다. 따라서 감사함은 삶의 곳곳에서 활용할 수 있는 지혜가 된다. 하루에 한 줄이라도 감사 일기를 작성해 보자. 쓰는 일은 '밀렸던 자기와의 대화'이기도 하고 '말 씨앗을 파종하는 일'이기도 하다. '오늘의 감사'를 노트에 새기는 일은 '내일의 감사'를 끌어당긴다.

마음속 근육이 되기 위해 단 한 줄이라도 매일 꾸준히 쓰자. 살다 보면 당연하게 여겨지는 것들이 실은 당연하지 않다는 걸 알게 된다. 일상이 귀해지는 기적의 기록들이 쌓여갈 것이다.

건강, 활력, 자식, 사람, 식사, 자연, 계절, 사회, 국가, 지구, 아침, 해, 달, 나무, 꽃, 길, 새해, 크리스마스, 광복절, 생일, 영화, 음악, 문학, 시, 평론, 일기, 집, 지역, 고장, 단골집, 좌석, 단체, 직업, 일, 꿈, 커리어, 삶의 의미, 도구, 사물, 에어컨, 선풍기…….

영국 소설가 휴 월폴은 '행복'을 사소한 일에서 곧바로 즐거움을 알아채는 행위라고 본다. 어찌 보면 행복은 재능의 영역인지도 모른다. 그런 재능도 습관이 만든다. 마음의 근력은 현재의 순간이 모여 이룬다. 인간은 '현재의 상태'로 정의된다. 산다는 건 죽기 직전까지 꾸준한 '상태의 이동'이다. 온화하고 포근한 감정을 가꾸기 위한 몸과 마음의 움직임이 곧 삶에 대한 투자이자 고통을 이겨 내는 약이 된다.

매일 밤, 하얀 종이를 마주하고 앉아 보자. 사진은 있는 그대로 기록을 박제하지만 그림은 그리는 이의 의도가 담긴다. 쓰는 이는 쥔 붓과 물의 농담에 따라 매일 풍경이 달라지는 마법을 경험할 수 있다. 이야기의 결말을 결정하는 작가처럼 나에게 주어진 하루를 다른 관점으로 재해석하는 과정을 통해서 우리는 삶에 주체적으로 나아갈 수 있다.

지루함을 대접하는 마음 _
지루함이 두려운 이유

용인의 한 놀이동산은 새로 태어난 쌍둥이 판다를 구경하려는 사람들로 인산인해를 이뤘다. 그들은 푸바오의 동생 판다들로 귀여운 외모가 똑 닮아 둘을 구분하는 일로 화제였다. 쌍둥이들의 'U'자와 'V'자 모양의 검은 무늬를 통해 구분할 수 있다고 한다. 온종일 우리 안에서 대나무를 먹으며 놀고 자는 판다들은 시종일관 귀여운 미소를 잊지 않는다. 제한된 환경 속에서 반복되는 일상을 사는 판다들에겐 지루함을 이겨내는 숨겨진 능력이라도 있는 걸까?

사람들은 보통 재미는 '느낀다'라고 하고, 지루함은 '견딘다'라고 표현한다. 견딘다는 건 일정 기간 어려운 환경을 버텨내는 일이다. 사람들은 이제 손안에 쥐어진 네모난 도구 덕분에 지루함을 버텨낼 필요가 없어졌다. 매시간 각계각층 다양한 사람들이 스마트폰 안에서 공존한다. 화면을 두드리면 쉴 새 없이 쇼츠와 개인 방송을 볼 수 있고 광고와 기사들이 쏟아진다. 버스를 기다리던 터미널이나 병원 환자 대기석에서도 더 이상 지루함과 싸우지 않아도 된다. 덕분에 '지루함'은 현대인들에게 피하고 싶은 알레르기처럼 여겨진다.

스마트폰을 쥔 부모의 등을 보고 자란 아이들 역시 심심할 틈이 없다. 아이들의 놀이공간은 실내 체험 공간이나 키즈카페로 옮겨가고 있다. 반짝이고 소리를 내며 돌아가는 현란한 놀이기구와 흥분감을 주는 장난감이 즐비한 곳에서 심심할 틈이 없다. 그런 놀이 공간이 익숙해진 아이들은 흥분과 활기로 가득 찬 놀이 후 돌아오는 길에서 만족스러운 표정을 짓는다.

걸어 다니는 아이들 손안에선 반짝반짝 쇼츠가 빛의 속도로 지나간다. 매미 울음소리만이 끝없이 계속되던 어느 여름방학이나 늘어진 일요일 오후처럼 천천히 흘러가던 지루함의 경험은 점차 사라져간다. 아이들에게 게으름과 여유가 자연스러움으로 허용되던 유년기 역시 빠르게 흩어진다. 그런 아이들이 자라 이끌어가는 미래는 어떤 모습을 하고 있을까?

어릴 적, 부모님은 열심히 노력해서 훌륭한 사람이 되어야 한다고 말씀하셨다. 이 한 문장은 살면서 내내 지배적인 가치관을 형성했다. 한국 사회에서 곧잘 바쁜 사람이 성공한 사람처럼 비치기도 한다. 가끔 친구들이 모이는 자리에서 자신이 얼마나 바쁜지를 자랑처럼 늘어놓기 바쁜 사람들이 있다. 특유의 '바쁜 성질'이 빛나는 가치를 증명하기라도 하는 것처럼 말이다.

반면 한가하고 느리게 살아가는 사람의 대명사로 '백수'가 떠오른다. 특유의 게으름을 깎아내리는 의미로 쓰인다. '일하지 않는 사람'은 종종 '돈과 치환되지 않는 일을 하며 살아가는 사람들'을 깎아내리기도 한다. 이 사회의 사각지대에는 돈으로 환산할 수 없는 일들도 존재한다. 나이 든 노인을 모시거나 어린아이를 양육하는 일 혹은 병마와 싸우는 일처럼 돈의 가치로는 증명할 수 없는 사람들도 있다.

물질적인 부나 사회적 지위가 현존하는 사람의 가치와 혼동되지 않았으면 한다. 성실과 바쁨만이 미덕이며 가치 있는 삶이라 여겨지는 프레임은 지루함을 더욱 견디지 못하게 밀어내고 있다.

 바쁘게 일할수록 육체는 고단해진다. 마음은 그에 비해 편하다. 일하지 않으면 몸은 덜 힘들어도 정신적으로 고달프다. 고용이나 앞날에 대한 불안에 더해서 인간의 실존적인 '공허와 무상'과 싸워야 하기 때문이다. 지루함 뒤엔 직면해야 할 더 큰 골칫덩어리가 버티고 서있다.

 지루함이란 자극이 없고 순수한 '무'의 상태이다. 태초로 돌아가 먹고 자며 놀기를 반복하는 어린아이들의 기본값과 비슷하다. 미국의 한 다큐멘터리에선 아이들이 지루하면 지루할수록 뇌의 창의력이 올라간다고 한다. 아이들에겐 지루할 시간이 필요하다. 그 텅 빈 상태에서 호흡과 자신에게 집중하는 동안 뇌는 쉬며 새로운 생각들을 발현해 낸다고 한다. 지루함을 마주한다면 창조성을 발휘해 잠재적인 기회를 열어 만족과 성취감을 얻을 수 있다.

 여운과 만족이 오래도록 긴 행복은 여행상품이나 쇼핑처럼 외부에서 쉽게 살 수 없다. 헐벗은 몸을 거울로 들여다보듯 먼저 내면의 자아를 마주하는 일이 필요하다. 그것은 오랜 지지로부터 시작된다. 은근한 자기혐오나 부정에서 벗어나 불완전한 자신을 온전히 포용하고 마주하는 연습이 필요하다.

지나친 자기 연민에 빠지지 않도록 주의해야 한다. 나아가 자기가 무엇을 좋아하는 사람이며 어떨 때 환하게 얼굴 근육을 당겨 웃는지, 어떤 사람과 공간 속에서 살아가고 싶은 사람인지 알아가는 진지한 물음들은 악보 위의 쉼표처럼 어울림을 위해 꼭 필요하다. 지루함은 나와 놀며 나를 알아가는 과정이다. 살면서 지루함을 곁에 두고 즐길 줄 아는 마음은 평온함과 여유로부터 나온다. 지루함과 겨루지 않는 사람은 조용하면서 강한 사람이 될 수 있다.

평균 올려치기를 대하는 마음 _
무의미의 의미

도구는 각자의 '쓰임'이 있다. 그래서 시대에 맞춰 발전하고 빛을 발휘한다. 도자기의 종류인 도기와 자기는 쓰임에 따라 제조법이 나뉜다. 둘 다 흙을 주재료로 쓰지만, 도기는 점토를 1,000℃ 이하의 온도에서 굽고, 자기는 장석류를 1,200℃ 이상의 고온에서 구워 낸다.

보온성이 좋은 도기는 주로 식기나 화로로 쓰고 자기는 아름다운 꽃병이나 장식품으로 쓰인다. 도자기는 결국 술을 담을 것인가, 차를 담을 것인가, 그 쓰임에 따라 특성이 결정된다. 쓰임은 줄곧 인간의 가치를 나타내는 표현으로 사용되기도 했다. 이러한 '쓰임' 때문에 불행한 사람들도 있다.

허무에 시달리는 사람들이 있다. 그들은 '평범함'이라는 옷 속에 자신의 쓸모나 가치가 없을지도 모른다는 공허함을 숨기고 살아간다. 어릴 적 커다란 꿈과 열망이 식어 좌절된 채 매일 열등감 속에서 자멸하는 사람들이다. 열심히 살아왔음에도 불구하고 나의 삶은 왜 이렇게 고통스러울까, 한 번쯤 반문해본 사람이라면 알 수 있다. 내면이 텅 빈 것 같은 불안감은 왠지 주어진 사명을 제대로 해내지 못한 것 같은 죄책감과 수치심을 만들어 낸다.

마음의 공허함이 클수록 삶의 '의미부여'나 '가치'에 더욱 집착하게 된다. 지나치게 과도한 자기 해석에 몰두하는 삶은 피곤하다. 적절한 긴장감은 부족함을 채우려는 힘이 되기도 하지만 지나친 긴장감은 앞으로 나아가려는 힘에 마찰력으로 작용하기도 한다. 그러나 지금껏 공허에 시달리다 자살한 원숭이 사건을 들은 적은 없다. 허탈함은 인간만이 지니는 고유한 감정이다.

인간에게도 동물로 지내던 시절이 있다. 먹고 마시고 자고 종족을 번식하는 게 전부이던 시절에는 허무로 인한 자살 소식을 접할 수 없었다. 전쟁이 막을 내리고 신분제가 폐지되면서 우리는 누구나 노력하면 성공할 수 있는 평등 사회를 맞이했다. 사랑하는 이와 함께 안전하고 따뜻한 공간에서 밥을 먹고 지내던 시절과 달리 개인의 욕구 실현이 폭넓고 다양해졌다.

인간으로 태어나 칭찬과 사랑을 받고 동시에 지지받고 싶은 마음은 누구나 가지며 살아간다. 적절한 때 위로와 인정을 받고 싶어 한다. 매 순간 공감 받고 싶지만 남들과 다른 개성으로 부각되길 원한다. 이 모든 욕구를 충족시키기란 만만한 일이 아니다. 욕구의 층위가 점차 넓고 세밀해진 것이다.

어른을 섬기고 이웃과 연대하던 전통 시대와 달리 이제는 개인적인 성취가 우위를 차지하는 시대가 되었다. 과학이 이론으로 증명하는 시대에선 기댈 수 있는 공동체 정서나 전통이 사라져 혼란이 가중되고 있다. 빅데이터와 경쟁하는 시대에는 새로운 직업을 창출해내는 일도 개인의 영역에 달렸다. 자유로 무장한 다변화의 바람이 불어왔을 때 사람들은 환영했다. 그러나 지금 그 변화의 물결로부터 좌절된 이들의 심리적 비명 또한 요란하다.

국가와 시대를 가로질러 인간에겐 공통으로 지녀온 특성이 있다. 인간은 유일하다는 사실이다. 인간은 타인과 대체

될 수 없는 고유성을 지닌다. 세상 아래 같은 인간이 없다. 환경과 성격 특징이 비슷한 일란성 쌍둥이일지라도 저마다 발현되는 고유성이 다르다.

고유성은 살아가며 획득하게 되는 특징이다. 살아간다는 것은 존재하는 것이다. 거창한 '삶의 의미'나 '가치'가 '인간 실존'이란 존재를 앞서나갈 수 없다. 존재하므로 의미가 부여될 수 있다. 지금 당신이 존재하기 때문에 세상도 존재하는 것이다. 그렇다면 당신은 어떤 존재인가. 선택하는 존재다. 반응하고 행동하는 존재다. 불편함에서 벗어나기 위해 노력하는 존재다. 피할 수 없는 고통을 직면할 수 있는 존재다. 배우는 존재며 변화하는 존재다. 인내할 줄 아는 열린 존재며, 자기 자신을 구원하는 존재이다.

자신을 속박하거나 구원해내는 것도 결국 자신이다. 때론 욕망의 가능성이 삶을 고통으로 몰아넣을 수 있다. 인간은 육체적으로나 물리적 시간으로 유한하다. 그렇기 때문에 완벽한 자유를 실현하기란 어려운 일이다. 삶의 구속감에서 벗어나기 위해 욕망으로부터 자유로워지는 게 먼저다. 무의식 저편에서 세력을 넓히려는 욕망마저 덜어내는 노력이다.

우리 삶은 지금 쾌락으로 가득 채워져 있다. 빠르게 도파

민의 열차에 탑승하라 손짓한다. 의미 없는 무의미를 견뎌야 한다는 것 역시 고통이다. 고통은 역설적으로 살아있는 동안만 느낄 수 있는 통증이다. 다시 말해 허무는 '살아 있다는 반증'이자 '자연스러운 감정'이다. 이 세상 어딘가엔 허무에 속아 자살하지 않은 채 오늘 하루를 살아내려고 안간힘을 쓰는 사람들도 존재한다. 오늘 하루 건강하게 잘 살아내는 일은 한 일생을 위한 '의지'나 '투쟁'이 될 수 있다.

모든 인간은 무에서 탄생해서 무로 돌아간다. 원자가 생명을 얻었다가 다시 원자로 돌아가는 자연스러운 일이다. 기대감과 긴장감을 줄이고 오늘을 마음껏 웃고 기뻐할 수 있게 만드는 능력도 '무'에서 탄생한다. 거창함을 버리면 된다. 인정받고 싶은 욕구를 내려놓고 구별 짓고 싶은 욕구도 버린 채 조금은 잊혀진 존재로 살아가는 것도 좋다. 마침내 '의미'를 찾겠다는 욕구마저도 내려놓을 때 삶의 생경한 기쁨은 찾아온다. 있는 그대로 존재하는 자신을 감각적으로 느낄 수 있다.

오늘을 살아갈 용기가 필요한 순간에 고한다.

나는 기대가 불행이 되지 않게 나를 구원할 것이다.

나는 사랑이 애착이 되지 않게 나를 구원할 것이다.

나는 의심이 불신이 되지 않게 나를 구원할 것이다.

나는 고민이 고민이 되지 않게 나를 구원할 것이다.

나는 실수가 실패가 되지 않게 나를 구원할 것이다.

나는 무례가 권위가 되는 순간 속에서 나를 구원할 것이다.

나는 효율성이 저울질하지 않도록 나를 구원할 것이다.

나는 증명하려는 행위가 존엄을 짓밟지 않도록 나를 구원할 것이다.

나는 있는 그대로 감정을 감정적으로 대하지 않고 나를 구원할 것이다.

나는 모든 욕망 속에서 결국 나를 구원할 것이다.

성공은 우리가 마주하던 실패한 나날의 기억이다. 완벽함으로 포장하려는 욕망 속에서 자신을 지키는 게 중요하다. 늙어감은 스스로 윤이 나도록 길들이는 과정이다. 넘어지고 주워 담고 쓰다듬다가 조금은 쓸쓸해지는 곳, 때론 고독해짐으로써 마주할 수 있는 곳이 있다.

다가오는 오늘 실패와 고독을 맞서는 용기로 살아가도록 하자. 성과에 연연하지 않는 자유로운 경험의 반복은 하루가 꽤 괜찮다는 느낌을 준다. 더 이상 바라는 게 없어도 괜찮은 날들을 만든다. 바라는 게 사라지면 두려움도 활개치지 못할 것이다. '나'라는 사람의 쓰임은 내가 선택하는 것!

무엇이든 담아도 혹은 담지 않아도 좋다. 비워두어야 새로운 쓰임이 탄생한다. 우리의 태어남에는 쓰임이나 목적 없이 기가 막힌 우연이 있을 뿐이다. 감사한 마음으로 그동안 싸워왔던 '허무와 권태'의 날들을 용서하자.

자기 연민에서 벗어난 마음 _
초월감

아주 오랜 밤, 희미한 등불 아래서 그에게 일어난 일을 소설로 쓰는 사람이 있었다. 자신이 전지적 작가이자 주인공을 맡은 그 이야기는 아직도 끝나지 않았다. 그의 생물학적 나이는 기승전결의 '기'나 '승'에 있지만 연달아 터지는 스펙터클한 삶의 사건들이 그의 나이를 '전'이나 '결'로 보이게 만들었다. 그래서일까, 로맨틱 코미디를 써보고 싶다는 마음으로 시작한 그의 자전 소설이 자꾸 신파로 흐르는 걸 막을 수 없었다.

지난 수년간 그는 어려운 일들을 혼자 힘으로 잘 헤쳐왔다. 기구한 운명을 돌파하는 소설 속 주인공처럼 다가오는 현실의 한계를 만날 때마다 훌쩍 뛰어넘어 성장해 갔다. 번 번한 부모나 주위 사람의 도움도 없이 혼자서 우뚝 일어섰 다. 이쯤 되니 자신이 마치 시련을 만날수록 레벨업하는 이 야기 속 주인공처럼 느껴졌다.

이야기 속에는 빠지지 않는 공식이 있다. 주인공에겐 늘 비범한 능력이나 빼어난 조력자가 있기 마련이다. 그에게도 그런 존재가 있었다. 바로 '자기 연민'이라는 글자가 오밀조 밀하게 세공된 하얗고 동그란 알약이었다. 알약 뒷면에는 과 다 복용 시 부작용을 주의라고 적혀 있었지만, 그는 크게 신 경 쓰지 않았다.

'자기 연민' 한 알을 물과 함께 삼키자, 자신에게 친절하게 대해주고 싶은 마음이 몽글몽글 자라났다. 사실 그는 그동안 엄격하고 높은 잣대로 자신을 평가하던 마음이 관자놀이를 짓눌러 두통에 시달렸다. 찔러도 피 한 방울 나지 않을 마음 속 평가자는 말 그대로 고문관이었다. 고통이나 실패의 날들 이면 늘 자신에게 낙제 점수를 줬다. 하지만 이 작은 알약 한 알만 있으면 날카로웠던 평가자는 돌연 자신에게 따뜻한 지 원군이 되어 줬다. 그뿐만 아니라 "누구나 다 그렇지"라는 인류 공통성에 대한 이해심을 펼쳐냈다.

자기 연민에 기댈수록 자기 자신에게 받아들여진다는 기분뿐 아니라 우울과 불안감을 줄여갔다. 실수나 실패를 해도 너그럽게 그것을 통해 배울 수 있는 원동력을 되찾아갔다. 살면서 자기 연민이란 알약은 진창 속에 빠진 그를 구해내주는 구원투수가 되었다.

그러던 어느 날 문제가 찾아왔다. 어느새 그가 쓰던 소설은 장르가 무협지로 바뀌었다. 자신이 과시하던 무공에 압도당한 무림 고수처럼 감정을 제어할 수 없는 날이 늘어갔다. 사실 그는 자신의 마음을 어찌할 수 없을 때마다 알약의 양을 늘려갔다. 하나둘 늘려왔던 복용 습관은 더 이상 적은 양으로는 효과를 볼 수 없게 되었다. 피할 수 없는 고난과 실수가 반복될수록 그는 자기 자신이 기구하고 불쌍하게만 여겨졌다.

따뜻한 연대와 지지 속에서 살아가는 친구들의 만족스러운 미소를 떠올릴 때마다 더욱 괴로워졌다. '난 처음부터 남들과 달리 엉망이었지…….' 자신이 겪어온 경험을 그 누군가에게 온전히 이해받지 못할 거라는 생각에 그는 점차 소외감을 느껴갔다.

그는 결국 사람들을 피하며 외톨이로 지내기 시작했다. 그리고 스스로 자신을 실패자라고 낙인찍었다. 그럴 때마다 알약을 꺼내어 빈속에 먹거나 어느 날은 소주 한 잔과 함께 한움큼 털어 넣기도 했다. 약을 먹지 않은 날엔 안면과 손가락에서 미세한 떨림이 느껴졌다. 점차 무력감이 찾아와 누운채로 손가락 하나도 들 수 없었다. 그는 스스로 중독 센터에 찾아갔다. 문진표를 꺼내어 읽고 체크했다.

"자신을 지나치게 이해하고 감싸거나 두둔하시나요? 혹은 자신이 저지른 잘못이나 실수를 변명하기에 급급한 편인가요?"

"발밑에 차오르는 까만 내 감정이 너무 커서 타인의 감정이 느껴지지 않나요? 혹은 자신의 고통만을 확대하여 해석하는 편인가요? 주변인의 감정에 무감각하다 보니 인간관계에 부정적인 영향을 미치진 않나요?"

"혹시 현실을 회피하고 어딘가로 달아나고 싶은가요? 어려운 상황에 직면했을 때는 어떻게 대처하시는 편인가요, 해결할 에너지가 고갈되어 상황을 회피하나요? 더 이상 내겐 문제해결의 능력이 없다고 생각하시나요?"

그는 항목마다 '자주 그러함'에 체크했다. 정작 본인도 몰랐던 자기 모습을 누군가 훔쳐본 건 아닐지, 놀라 고개를 갸

웃거렸다. 세 가지 중 하나라도 해당하년 중독 위험 상황이었다. 의사는 알약을 적절한 양으로 복용할 것을 경고했다. 하지만 그가 가진 감정의 경계가 모호하고 애매했다. '적정량의 균형'을 찾는 일에 자신이 없어서 사실대로 털어놓았다. 그러자 의사는 다른 약의 처방전을 내놓았다.

처방전을 들고 약국에 들어섰다. 겉보기에는 허름한 곳이었다. 문을 열자, 난로 옆에서 고양이가 졸고 있었다. 동양풍 칸살로 가려진 조제실에서 흰 가운을 입은 약사가 막자사발로 무언가 빻고 있었다. 그는 처방전을 내밀었다. "김무명 씨?" 그녀의 주름살이 조개처럼 오므려진 입가가 열리더니 희미한 미소가 흘러나왔다. 흰머리를 곱게 빗어 쪽진 할머니 약사는 온장고에서 갈색 유리병을 꺼내 내밀었다. 유리병에는 '자기 자비'라는 스티커가 붙어 있었다.

"김무명 씨는 좋은 사람입니까?"
약사가 물었다.
"저도 자…… 잘 모르겠습니다……."
그는 눈동자를 굴리다 잠시 머뭇거렸다.
"지금부터 자신이 좋은 사람인지 아닌지 의심하지 마세요. 앞으로 무엇이 나에게 더 좋을까를 고민하세요. 의심 없이 무조건 자신을 믿으세요. 위약 효과 알죠? 반대로 아무리 좋은 약을 줘도 약이 가짜라 믿는 이에겐 효과가 없더군요."

약국 문을 열고 나오자 상쾌한 바람이 불어왔다. 유리병을 입술 위에 올리고 목을 길게 뻗어 '자기 자비'를 꿀꺽 삼켰다. 씁쓸하면서도 마지막에 올라오는 단맛이 먹을 만했다. 유리병을 돌려 성분표를 보자 '무조건적인 사랑 한 스푼'이라 적혀있었다. 설명서에는 '무력감과 고통에 마취된 사람을 깨우는 해독제'라고 쓰여 있었다. 잠시 눈을 감으니 따뜻한 음성이 머릿속을 울리기 시작했다.

"인간은 누구나 존엄하다. 태어난 것 자체가 경이로운 축복이다. 내가 가진 가치는 갖은 시련 속에서 절대 훼손되지 않는다. 때때로 시험에 빠져 증명하려 들지 말라. 어떠한 상황 속에서도 나는 나를 돌보고 사랑할 것이며 친절을 실천할 것이다."

'자기 자비'는 지난번 쭉 짜 마셨던 '자존심'과 비슷하지만, 끝맛이 달랐다. 살면서 부푼 풍선처럼 자부심이 되어줬던 자존심 역시 부작용이 있었다. 자기보다 못한 사람을 만날 때도 그 못난 풍선을 자꾸 부풀린 것이다. 자신이 사회적으로 우위라는 은밀한 우월감. 그는 그보나 못한 친구에게 열등감 혹은 질투심을 유발하려고 자극했다. 그 끝맛이 차갑게 식은 돼지비계처럼 역겨워서 '자존심'의 복용을 중단했다.

자기 자비 한 병을 다 마시자 톡 쏘는 상쾌함이 몰려왔다. 숨을 들이쉬자, 콧속에 차가운 바람과 뜨거운 숨이 오고 또 가는 게 천천히 느껴졌다. 그동안 자기를 비판하던 내면의 말들과 싸워 이겨낼 힘이 차오르는 기분이 들었다. 해볼 만하다고 생각했다.

"인간은 기본적으로 불안한 존재여서 자기혐오에 빠지기 쉽다. 자기를 수용하고 포용하려는 노력만이 초연한 마음에 이르게 한다"라는 문장이 설명서에 적혀있었다. 자기 자비 복용 이후 즉각적인 분노가 차오르더라도 감정은 대개 5분 짜리 단막극에 불과했다. 김무명 씨는 점차 감정이란 드라마 속 장르와 대본을 꿰뚫기 시작했다. 그는 오늘 밤에도 무언가를 적고 있다.

"나란 사람은 온몸에 감정이라는 전구가 수십 또는 수백 개 달린 전광판 같다. 붉은색과 푸른색, 흰색과 검은색을 오가며 변할 수 있다. 그러나 그동안 내겐 전구를 켜고 끌 수 있는 스위치가 없었다. 깜빡이는 주기마저 전부 제멋대로였다. 감정의 등불을 스스로 제어할 수 없다는 생각이 들자 불안하고 초조했다. 언제 켜질지 모르고 또 언제 꺼질지 모르니 불안해 잠이 들 수 없었다. 매일 나는 긴장된 채 서 있는 간판 같았다.

그러나 나는 이제 감정의 스위치를 획득했다. 언제 어디서든 켜고 끌 수 있게 되자, 퍽 자유로웠다. 밤이 오면 스위치를 전부 내리고 꽉 막혔던 숨을 내쉴 수 있다. 나는 비로소 유연하게 휠 수 있었다. 나란 사람은 모진 바람 속에서 춤을 추는 대숲 같기도 했다. 나는 주로 언제 절망으로 휘어지고 회복되는지 내면의 탄성을 알고 나니 실패가 두렵지 않았다. 실수로부터 배우고 더 나은 사람이 될 수 있다는 믿음만이 그동안 살면서 얻은 교훈이다.

나는 충분히 강하다. 나는 매일 작은 성공으로 새로움을 입는 사람이다. 나는 누구보다 나 자신을 응원하고 격려한다. 나를 섣불리 판단하며 훼손하려는 말과 행동은 더 이상 내게 중요하지 않다. 이것만 생각하려고 한다. 앞으로 다가올 무엇이 나에게 좋은 일인가. 나는 어떤 상황 속에서도 나를 수용하고 포용할 준비를 마쳤다. 나는 고요하고 꽤 단단한 무언가가 되어가고 있다."

만년필을 쥔 그의 손 위로 불끈 핏줄이 솟아올랐다. 마침

표를 찍은 자리에는 검은 잉크가 퍼져 동그라미를 만들었다. 약동하는 심장 소리가 그의 귓가를 울리자, 그는 스스로 태동하고 있음을 확신했다. 그는 바람에 마음껏 흔들려도 좋을 숲이 되어가고 있었다.

✦ ✦ ✦ ✦

약간의 똘기가 필요한 마음 _
착한 사람 증후군

인간은 양자역학보다 이해하기 어렵다는 말이 있다. "네가 나를 모르는데, 난들 너를 알겠느냐"라는 유명한 노래 가사처럼 마음이란 모호함 때문에 힘들어하는 사람들이 많다. 감정 중에서도 유독 우리를 힘들게 하는 녀석이 있다. 바로 부당하게 무언가를 침범당했을 때 느끼는 '화'이다. 화는 자기 자신을 지키려는 방어적인 감정으로 그 자체만으론 나쁘지 않다. 문제는 화라는 날카롭고 위험한 창을 어딘가로 치워야만 한다는 사실이다. 그 뾰족한 창을 들고서 밖을 찌르면 '분노'가 되고 안을 향해 찌르면 '우울'이 된다. 그러므로 화를 잘 내는 사람은 주변이 괴롭지만, 화를 잘 못 내는 사람은 자신이 더 괴롭다. 그래서일까, 마음 때문에 힘들고 아파하는 사람 중에는 착하고 선한 사람들이 더 많다.

우리 사회에는 암묵적으로 권력과 착취의 관계가 존재한다. 지위의 붕괴로 인한 두려움을 느끼는 사람들 저편에선 은근한 업신여김과 삶의 속임수를 적당히 모른 척하며 살아가는 사람들이 있다. 감정적인 문제를 회피하려는 사람들과 그런 사람들을 바라보며 분노를 쌓아가는 사람들 그러나 자세히 보면 이들은 오묘하게 서로 의지한 채 살아간다. 각자의 결함과 한계를 지닌 사람들이 한데 모여 유기체적인 관계를 맺으며 살아가는 이유이다.

유아기적 환상에서 벗어나 바라본 이 세상은 착한 사람으로 살아가기에 쉽지 않다. 제 할 일을 잘하고 있다는 믿음에도 불구하고 관계는 언제 또 마찰음을 낼지 모른다. 그럴 때마다 매번 상처를 입고 좌절하기에는 인생이 너무 짧다.

착하고 선한 사람이 더 상처받는 세상 속에서 과연 우리는 어떻게 삶을 살아가야 할까? 모든 가정에는 크고 작은 문제가 있다. 사람들이 살아가는 사회 역시 모두 각자의 문제를 가지고 있다. 착한 사람으로 살며 대면하는 모든 문제를 피하거나 해결할 수 없다. 착한 사람으로 사는 대신 '나'를 지킬 수 있는 사람이 되어야 한다.

지금 우리 사회가 상대방의 처지를 생각하며 배려하는 상호 존중 정신을 진정으로 발휘하는 사회인지는 확신할 수 없다. 그저 저마다 각자에게 유리한 대로 계획하고 행동해 나간다. 그 속에서 나를 지킬 수 있는 건 흔들리지 않으면서도 조용히 강한 사람이 되는 것이다.

  줄리아 크리스테바는 《사랑의 역사》에서 인간의 한평생은 거대하고 영원한 사랑의 과정이라고 했다. 부드럽게 보듬어주는 사랑도 사랑이지만 부당함으로부터 싸워 지켜주는 것 역시 사랑이다. 거절이나 갈등이 두렵고 혹은 관계가 나빠질까 불안한 상황 속에서 나를 지켜내는 것도 사랑이다. 상대방을 실망하게 하고 싶지 않거나 자기 통제력을 잃어버릴 것 같은 불안감 속에도 할 말을 다 하지 못하는 사람이 되어서는 안 된다.

  관계 속에서 사랑은 종종 사람을 바보로 만들 수 있다. 친밀감과 일체감으로 혼동하지 않고 각자의 개별성과 차별성을 인정해 서로의 독립성을 유지해야 한다. 나를 사랑하는 일도, 지켜내는 일도 내 손 안에 달렸다. 어떠한 상황에서도 자기 자신을 잃어선 안 된다.

  "더 이상 마음 졸이며 살지 않았으면 좋겠어. 그냥 너답게 살아. 착하게 살지 말고, 맘 편히 살아. 그래도 괜찮아."

'할 말 하는 사람'으로 살아가기 위해선 '자기 확신'이 필요하다. 자기 확신은 비타민 D와 같아서 태양 아래에서 걷고 뛰는 활동을 통해서 얻을 수 있다. 자기 확신 역시 저절로 생성되지 않는다. 인간은 누구나 각자의 부조리하고 역설적인 면모를 지닌 채로 살아가기 때문이다. 자기만이 아는 이 비밀스러운 치부는 자신을 의심하게 만든다. 인간 본성에 대한 기대와 확신을 갖고 주체적으로 살아가려 노력해야 하는 이유가 된다. 나아가 세상 어디에도 단 하나의 정답은 없다. 언제 어디서든 누구나 새로운 정답에 도전할 수 있다.

이 세상에 완벽한 사람 또한 없다. 살다 보면 누구나 사고처럼 우연히 다치고 깨어진다. 착한 사람일수록 넘어진 원인을 자꾸 내부에서 찾으려 한다. 죄책감을 가지지 않았으면 좋겠다. 자신의 잘잘못으로만 넘어지지 않는다. 중요한 건 넘어졌다는 사실이 아니라 '다시 일어설 수 있는 힘의 크기'이다. 외상을 통해서 몰랐던 자신의 강인함과 회복력을 깨닫는 기회를 얻을 수 있다. 이러한 긍정적 변화를 '외상 후 성장(Post-Traumatic Growth)'이라 한다.

아픔을 딛고 일어난 사람은 타인의 내면을 폭넓게 공감할 수 있거나 전에 시도하지 않았던 경험이나 가능성을 탐색하며 새로운 도전으로 나아갈 수 있다. 중요한 건 〈다크 나이트〉의 조커처럼 어둠 속에서도 툭툭 털고 나아가는 능력이다. 자신을 향해 찌르던 날카로운 창을 거두고 그 안에 숨겨두었던 뻔뻔함을 꺼내 입어야 한다. 맨정신으로 살아가기에 어려운 어른들의 삶 속에서 때로는 약간의 똘기가 필요한 법이다. 그동안 나는 '나'에게 착한 사람이었는지 '남'에게 착한 사람이었는지 떠올려본다. 조용히 '나'를 지키는 강인함으로 표표히 어둠 속을 빠져나가는 당신의 빛을 향한 여정을 오래도록 응원하고 싶다.

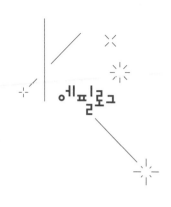

"행복이나 실망을 전혀 느끼지 않는다고 생각해 봐. (……) 누군가를 좋아하거나 그에게 화를 내거나 그를 용서하지 못한다고 생각해 봐. 잠도 못 자고, 추위도 못 느끼고, 절대 실수도 저지르지 않고, 또 배탈이 났다거나 그게 가라앉지도 않고, 누군가의 생일을 함께 기뻐해 주지도 맥주를 마시지도 못하고, 양심이 찔리는 기분도 못 느끼고 말이야……."

– 토베 얀손의 〈해티패트너의 비밀〉《무민 골짜기 친구들 Moominvalley in November》 중에서

우리나라에서 무민으로 유명한 작가 토베 얀손은 인간 내면의 복잡성과 관계의 미묘함을 탐구한 소설 〈해티패트너의 비밀〉을 집필했다. 이 책에서 해티패트너들은 모든 감정을 버린 채 바다를 떠돈다. 그들은 감정을 벗어난 존재로 슬픔도 기쁨도, 외로움도 느끼지 않는다. 모든 감정을 벗어버린

존재가 자칫 홀가분할 거라는 생각과 달리 그들은 어딘가 기계적이다. 비록 해티패트너들은 감정의 자유를 얻었지만, 인간을 인간답게 만드는 그 어떤 것을 상실했음을 나타낸다. 과연 인간을 인간답게 하는 것은 무엇일까?

호모사피엔스(Homo sapiens)는 사고를 통해 생각하는 동물이다. 그 뛰어난 사고력과 추상적 능력으로 복잡한 사회구조를 발전시키고 문화를 이루었다. 그러나 지금 그들은 생각이 너무도 많다. 지극히 이성적인 사고의 과정도 집단의식이나 고정된 사고방식에 쉽게 영향을 받는다. 때론 기분이나 감정에 좌지우지되기도 한다. 강렬한 감정은 한 사람 안에서 사그라들지 않고 은근히 지속된다. 그래서 좋든 싫든 변화를 만들어 낸다. 그러니 감정에는 분명 어떠한 가치가 있다. 지금 이 시대의 많은 사람을 힘들게 하는 불안에도 쓸모가 있을까?

일부 뇌과학자들에 따르면 우울하고 불안함을 더 잘 느끼는 사람일수록 뇌가 똑똑하다고 한다(《엄청나게 똑똑하고 아주 가끔 엉뚱한 뇌 이야기》, 딘 버넷 지음, 미래의창, 2018). 뇌는 기상청과 비슷하다. 미래에 대한 불확실성이 점차 커지는 상황 속에서 늘 예측하고 계획하지만 쉬운 일은 아니다. 그래서 불안감이 더욱 커지고 우울해지기도 한다. 이러한 예민함은 뇌의 신경 활동이 활발하다는 증거이다.

예를 들어 알코올은 일시적으로 신경 활동을 줄여주는 저하제 역할을 한다. 그러므로 사람들이 술을 마시게 되면 긴장감은 줄고 행복감을 쉽게 느끼기도 한다. 결국 불안은 생명을 유지하게 도와주는 뇌의 고차원적인 발달 기능인 것이다. 생각이 복잡하다는 건 미래에 대한 고민과 계획을 게을리하고 있지 않다는 걸 입증한다.

부정적인 감정에 대한 전통적 오해와 고착된 사고방식은 되레 불안을 증식시켜 왔다. 마음이 힘든 사람일수록 부정적 자극에 더욱 집중하기 쉽다. 이에 따라 우울의 굴레를 벗어나는 건 더 어려워진다. 그러나 이 책을 통해서 우울과 불안은 한 개인의 의지가 약하거나 또한 나약해서가 아니라는 것을 이야기하고 싶었다. 감정은 지금, 이 순간에도 '자신'을 돕기 위해 분주히 활동하고 있다. 불편한 감정들과 적당한 거리 두기가 필요하다. 감정에 대한 새로운 통찰을 얻으면 그동안의 미움과 오해도 고마움으로 재해석될 수 있다.

이 책에 등장하는 모든 이야기는 한 개인의 경험을 통과해온 기록들이다. 그들은 숨겨진 '나'의 얼굴이기도 하며 때론 마주하던 '정상성의 얼굴'이기도 했다. 또한 그 얼굴들은 포기할 수 없는 사랑이었거나 놓지 못하는 인연이기도 했다. 그런 모두를 지켜내고 싶은 순수한 마음에서 이 책은 시작되었다. 삶의 곳곳에서 터져버린 파편들을 모아 구체성을 획득하기 위한 작은 투쟁이었음을 고백한다.

마지막으로 이 책을 읽고 잠시 멈춰 고개를 끄덕인 독자가 있다면, 어깨가 유독 시린 날 당신과 함께 버티고 비를 맞는 사람이 있음을 떠올려 주었으면 한다. 필사적으로 '나'를 지켜내 주길 바란다. 자신의 마음을 다치면서까지 지킬 수 있는 건 없다. 잠시 멈춰 선 그곳은 그저 어두운 동굴이 아니라 빠져나가기 위한 터널이기를. 어둠 속에서도 우리는 나아갈 수 있다. 동지(冬至)의 긴 밤을 지나 대한(大寒)의 추위에 이르면, 이제 봄이 머지않았음을 알 수 있다. 이제 곧 봄이 오려나 보다.

당신의 생각이 잠든 사이에 – **마음의 발견**

발행일 | 2024년 12월 4일 초판 1쇄
지은이 | 박세은
펴낸이 | 장영훈
펴낸곳 | (주)이츠북스
편집 | 고은경, 박새영
마케팅 | 남선희, 김영경
디자인 | 디자인글앤그림

출판등록 | 2015년 4월 2일 제2021-000111호
주소 | 서울특별시 강서구 화곡로 416, 1715~1720호
대표전화 | 02-6951-4603
팩스 | 02-3143-2743
이메일 | 4un0-pub@naver.com

홈페이지 | www.4un0-pub.co.kr
SNS 주소 | 페이스북 www.facebook.com/saungonggam
         인스타그램 www.instagram.com/saungonggam_pub
         블로그 blog.naver.com/4un0-pub

ISBN | 979-11-988388-7-2 (03180)

※ 이 책은 화성시, 화성시문화재단의 '2024 화성예술활동지원' 사업으로 출간되었습니다.

사유와공감은 (주)이츠북스의 출판 브랜드입니다.

사유와공감은 독자 여러분의 책에 관한 아이디어와 원고 투고를 기쁜 마음으로 기다리고 있습니다. 책 출간 아이디어가 있으신 분은 이메일 **4un0-pub@naver.com** 또는 사유와공감 홈페이지 '작품 투고'란으로 간단한 개요와 취지, 연락처 등을 보내 주세요. 여러분을 언제나 응원합니다. ☺